Bettina Zenker • Das Bach-Blüten-Behandlungsbuch

Bettina Zenker

Das Bach-Blüten Behandlungsbuch

Aquamarin Verlag

Mühlenstr. 43 • D-85567 Grafing
1. Auflage 1999
Umschlaggestaltung: Annette Wagner
Druck: Ebner Ulm

ISBN 3-89427-119-1

Inhalt

Vorwort

Als mir meine Freunde vom Aquamarin Verlag nahe legten, dieses Buch zu erarbeiten, war ich erst sehr skeptisch. Erstens weil es schon so viele Bücher gibt, und zweitens weil die Menschen noch weniger eigenes Gespür zu entwickeln brauchen, wenn sie einfach von A – Z nachschauen und konsumieren können. Doch während der Arbeit an diesem Buch empfand ich immer mehr Freude, da ich vieles Neues entdeckte; und ich danke hier allen Autoren für ihre Arbeit, aus der ich mit vollen Händen schöpfen konnte.

Es gab nicht ein Buch, in dem nichts Bereicherndes zu finden gewesen wäre. Das grundlegende Wissen über die Bach-Blüten kommt von Dr. Bach und ist in seinen Büchern veröffentlicht. Da ich weder mich noch die zukünftigen Leser langweilen wollte, ist nicht hinter jedem Begriff eine Auflistung von 50 Büchern zu finden, und ich ließ mich Buch für Buch führen, welche Begriffe ich in das Repertorium übernahm. Da ich astrologisch eine Waage bin, war es mir wichtig, alle gerecht zu behandeln und ihr spezielles Wissen herauszufiltern, so daß der Leser sich jeweils das ihn interessierende Buch besorgen kann, das ein Thema speziell behandelt.

Aus meiner eigenen Erfahrung kann ich sagen, daß es vielen Menschen schwer fällt, überhaupt etwas von sich zu erzählen und es oft einfacher ist, über ihre körperlichen Symptome oder Geschichten, die ihnen noch besonders in Erinnerung sind, die richtige Spur für die Bach-Blüten, die sie brauchen, zu finden. Die meisten Menschen suchen erst dann Hilfe und Unterstützung bei anderen, wenn ihr Leidensdruck so groß wird, daß ihre körperlichen Krankheiten ihnen keine Ruhe mehr lassen. Seltsamerweise gibt es gerade in esoterischen Kreisen Menschen, die genau so mit sich umgehen, wie jene, die es nicht besser wissen. Sie wollen eine körperliche Krankheit sofort wieder loswerden, und wenn etwas nicht sofort hilft, muß das nächste Mittel her. Unser Bewußtsein ist auf 'Ex und Hopp' programmiert. So gehen wir Menschen mit uns selber um, wir wollen nicht hören, was unsere Seele uns über den Körper zu sagen versucht. Deshalb ist es in der therapeutischen Arbeit oft das Mühsamste, den Menschen begreiflich zu machen, wie hart und grausam sie mit sich selbst umgehen. Der Körper lügt nie, wie meine Lehrerin so oft sagte. Die Natur und ihre wundersamen Kräfte schenken uns diese Heilmittel, und ich bete dafür, daß wir Menschen unsere Achtungslosigkeit uns selbst und der Erde gegenüber endlich ablegen und beginnen, uns mit Würde zu verhalten und dankbarer zu werden für alles, was uns die Erde und das Universum in ihrer unendlichen Großzügigkeit schenken. Aus meiner Erfahrung kann ich auch sagen, daß die Bach-Blüten bei jenen Menschen stärker wirken, die bereit sind, an sich zu arbeiten und gleichzeitig eine energetische Behandlung am Körper durchführen. Je mehr wir bereit sind, uns auf uns selber einzulassen und unsere alten Leidensmuster endlich loszulassen, um so mehr können wir Heilung erfahren - auch durch die Bach-Blüten.

Der weise Spruch „Weniger ist mehr“ gilt auch für die Menge der Blüten, die in eine Mischung gehören. Ich selber gebe selten mehr als 4 Bach-Blüten hinein. Dr. Bach heilte schwere Krankheiten mit Mischungen über mehrere Monate, in denen oft nur eine oder zwei Blüten enthalten waren.

So bitte ich jeden, der dieses Buch zum Arbeiten benützt, nie zu vergessen, daß keine Methode etwas bewirken kann, wenn nicht die Weisheit in sie fließt, die sie erst zum Leben erweckt.

Die 38 Bach-Blüten-Mittel und ihre Zugehörigkeit zu den 7 Gruppen

Für jene, die Angst haben

Gemeines Sonnenröschen / Rock Rose

Das Heilmittel in Notfällen und in allen Fällen, in denen es scheinbar keine Hoffnung mehr gibt. Bei Unfällen oder plötzlicher Erkrankung: wenn der Patient unter Schock steht oder unter großer Angst leidet; und wenn die Lage ernst genug ist, um den Anwesenden ebenfalls große Angst einzujagen. Wenn der Patient nicht bei Bewußtsein ist, kann man ihm die Lippen mit dem Mittel benetzen. Zusätzlich kann man auch noch andere Heilmittel anwenden, wie zum Beispiel Gemeine Waldrebe (Clematis), wenn die Bewußtlosigkeit wie ein tiefer Schlaf scheint, oder Odermenning (Agrimony) bei qualvollen Schmerzen.

Gefleckte Gauklerblume / Mimulus

Hilfreich bei Furcht vor weltlichen, konkreten Dingen, vor Krankheit, Schmerz, Unfällen, Armut, Dunkelheit, Alleinsein und Unglück. Die Ängste des täglichen Lebens. Diese Menschen ertragen ihre Ängste, ohne zu klagen und sprechen nur selten frei darüber zu anderen.

Kirschpflaume / Cherry Plum

Bei Furcht, den Verstand zu verlieren, oder wenn man besorgt ist, daß man schreckliche Dinge tun könnte, die man nicht will und als falsch erkennt, während man trotzdem den Impuls spürt, sie zu tun.

Espe / Aspen

Vage Ängste vor unbekannten Dingen, die sich nicht begründen oder erklären lassen. Trotzdem kann der Patient Angst davor haben, daß etwas Schreckliches passiert, ohne zu wissen, was dies sein könnte. Diese unbestimmten, unerklärlichen Ängste können ihn Tag und Nacht verfolgen. Die so Leidenden fürchten sich oft, über ihre Nöte zu sprechen.

Rote Kastanie / Red Chestnut

Für jene, denen es schwerfällt, sich nicht um andere zu ängstigen. Oft haben sie es schon aufgegeben, sich über sich selbst Sorgen zu machen, können aber um jene, die sie lieben, viel bangen und leiden und haben häufig Angst, daß ihnen etwas Schlimmes zustoßen könnte.

Für jene, die an Unsicherheit leiden

Bleiwurz / Cerato

Für jene, die an ihrer Fähigkeit zweifeln, Entscheidungen oder Urteile zu fällen. Sie fragen ständig andere um Rat und sind oft schlecht beraten.

Einjähriges Knäuel / Scleranthus

Für jene, die sehr darunter leiden, sich nicht zwischen zwei Dingen entscheiden zu können, weil abwechselnd das eine, dann das andere ihnen richtig erscheint. Sie sind im allgemeinen stille Menschen, die ihre Schwierigkeiten allein tragen, da sie nicht geneigt sind, mit anderen darüber zu sprechen.

Bitterer Enzian / Gentian

Für jene, die sich leicht entmutigen lassen. Sie machten vielleicht schon gute Fortschritte in ihrer Krankheit oder den Angelegenheiten ihres täglichen Lebens, aber bereits die geringste Verzögerung oder das kleinste Hindernis läßt sie zweifeln und macht sie mutlos.

Stechginster / Gorse

Tiefe Hoffnungslosigkeit; diese Menschen haben den Glauben aufgegeben, daß ihnen noch geholfen werden kann. Auf Zureden und um anderen einen Gefallen zu tun, probieren sie vielleicht verschiedene Behandlungsformen aus, versichern aber dabei ihrer Umgebung, daß die Hoffnung auf Linderung nur ganz gering sei.

Hainbuche / Hornbeam

Für jene, die das Gefühl haben, nicht genügend seelische oder körperliche Kraft zu besitzen, die Bürde des Lebens zu tragen. Die Angelegenheiten des Alltags erscheinen ihnen zu schwer, auch wenn sie ihre Aufgabe in der Regel erfüllen können. Für jene, die glauben, daß sie körperlich oder seelisch einer Stärkung bedürfen, um ihr Tagwerk leicht vollbringen zu können.

Wald-Trespe / Wild Oat

Für jene, die den Ehrgeiz haben, in ihrem Leben etwas Außerordentliches zu leisten, die viel Erfahrung sammeln und alles genießen möchten, was das Leben ihnen zu bieten hat, die sich des Lebens in vollen Zügen erfreuen wollen. Ihre Schwierigkeit besteht darin zu entscheiden, welcher Beschäftigung sie nachgehen sollen, denn obgleich ihr Ehrgeiz groß ist, fühlen sie sich von keiner Berufung besonders angezogen. Dies kann zu Verzögerungen und Unzufriedenheit führen.

Für jene, die nicht genügend Interesse an der Gegenwarts-Situation haben

Gemeine Waldrebe / Clematis

Für jene, die verträumt, schläfrig, nicht ganz wach sind und kein großes Interesse am Leben haben. Ruhige Menschen, die nicht ganz froh mit den gegenwärtigen Umständen sind und mehr in der Zukunft als im Jetzt leben; sie setzen ihre Hoffnungen auf glücklichere Zeiten, in denen ihre Ideale wahr werden könnten.
Im Krankheitsfalle machen manche von ihnen sich kaum oder gar keine Mühe, wieder gesund zu werden, und einige Fälle scheinen sich sogar auf den Tod zu freuen, in Erwartung besserer Zeiten – oder vielleicht in der Hoffnung, jemandem wiederzubegegnen, den sie durch den Tod verloren hatten.

Geißblatt / Honeysuckle

Für jene, die in Gedanken viel in der Vergangenheit weilen, in einer für sie sehr glücklichen Zeit, oder die den Erinnerungen an einen verlorenen Freund nachhängen oder alten Wunschträumen, die sich nicht erfüllt haben. Sie können nicht glauben, außer dem vergangenen noch einmal Glück zu erleben.

Heckenrose / Wild Rose

Für jene, die sich ohne genügenden Grund in Gleichgültigkeit allem ergeben, das geschieht, die einfach durchs Leben treiben, es annehmen, wie es sich bietet, ohne irgendeine Anstrengung zu unternehmen, die Dinge zu bessern und etwas Freude zu finden. Sie haben sich dem Lebenskampf klag- und widerstandslos ergeben.

Ölbaum / Olive

Für jene, die seelisch oder körperlich so gelitten haben, daß sie erschöpft und müde sind, und das Gefühl haben, keine Kraft mehr zu besitzen, um sich von neuem anzustrengen. Das tägliche Leben ist für sie Schwerarbeit, freudlose Mühe.

Weiße Kastanie / White Chestnut

Für jene, die sich nicht dagegen wehren können, daß ihnen Gedanken, Vorstellungen und Argumente in den Sinn kommen, die ihnen unerwünscht sind. Das geschieht gewöhnlich in jenen Augenblicken, wenn das momentane Interesse nicht stark genug ist, um ihre Aufmerksamkeit ganz zu fesseln. Bedrückende Gedanken drängen sich immer wieder vor, und wenn sie einige Zeit verbannt waren, kehren sie hartnäckig zurück. Sie scheinen sich ständig im Kreise zu drehen und verursachen viele seelische Qualen. Wenn diese unerwünschten, unangenehmen Gedanken da sind, nehmen sie einem den Frieden und machen es unmöglich, nur an die Arbeit, die Freude oder das Vergnügen des Tages zu denken.

Ackersenf / Mustard

Für jene, die zuweilen schwermütig oder gar verzweifelt sind, als ob einen kalte, dunkle Wolke sie überschattete und Licht und Lebensfreude vor ihnen verberge. Vielleicht ist es gar nicht möglich, solche Phasen zu begründen oder zu erklären. Unter diesen Umständen ist es fast ausgeschlossen, glücklich oder fröhlich zu erscheinen.

Kastanienknospen / Chestnut Bud

Für jene, die aus ihren Erfahrungen und Beobachtungen nicht genügend zu lernen scheinen und länger als andere benötigen, um die Lektionen des täglichen Lebens zu begreifen. Während bei manchen Menschen eine einzige Erfahrung genügt, ist es für sie notwendig, mehrere zu erleben, bis sie die notwendige Lektion gelernt haben. So sehen sie sich zu ihrem eigenen Bedauern gezwungen, bei verschiedenen Gelegenheiten den gleichen Fehler zu wiederholen, während eine Situation, oder die Beobachtung anderer genügt hätte, um ihnen diesen Fehler zu ersparen.

Für jene, die einsam sind

Sumpfwasserfeder / Water Violet

Für jene, die in Gesundheit oder Krankheit lieber allein sind. Sehr stille Menschen, die sich lautlos bewegen, wenig und in sanftem Ton sprechen. Sie sind sehr unabhängig, fähig und selbstsicher, fast ganz unbeeinflußt von den Meinungen anderer. Sie sind zurückhaltend, lassen andere in Ruhe und gehen ihre eigenen Wege. Oft sind sie intelligent und talentiert. Ihre Ruhe und ihr innerer Frieden ist ein Segen für ihre Umwelt.

Drüsentragendes Springkraut / Impatiens

Für jene, die rasch sind im Denken und Handeln und alles schnell und ohne Zögern tun wollen. Im Falle einer Erkrankung sind sie darauf bedacht, rasch wieder zu genesen. Es fällt ihnen sehr schwer, mit langsamen Menschen Geduld zu zeigen, da sie es für falsch und eine Zeitverschwendung halten, und sie setzen alles daran, um solche Menschen in ihrem Tun zu beschleunigen. Oft ziehen sie es vor, allein zu arbeiten und zu denken, so daß sie alles in ihrem eigenen, gewohnten Tempo erledigen können.

Heidekraut / Heather

Für jene, die ständig Gesellschaft benötigen und suchen, weil sie es für notwendig halten, ihre eigenen Angelegenheiten mit anderen zu besprechen, ganz gleich, mit wem es auch sei. Sie sind sehr unglücklich, wenn sie einmal längere oder kürzere Zeit allein sein müssen.

Für jene, die überempfindlich gegenüber Einflüssen und Ideen sind

Odermenning / Agrimony

Für die jovialen, fröhlichen und humorvollen Menschen, die den Frieden lieben und unter Meinungsverschiedenheiten und Streitigkeiten leiden; sie sind bereit, viel aufzugeben, um solche Unannehmlichkeiten zu vermeiden. Obwohl sie im allgemeinen Schwierigkeiten haben und inner- wie äußerlich besorgt und rastlos sind, verbergen sie ihren Kummer hinter einer Maske von Humor und Witz und sind als Freunde und Gesellschafter sehr geschätzt. Häufig greifen sie zu reichlich Alkohol oder Drogen, um sich in Stimmung zu bringen und die Leichtigkeit zu gewinnen, mit der sie ihre Bürde zu tragen gedenken.

Tausendgüldenkraut / Centaury

Für jene freundlichen, ruhigen, sanften Menschen, die überängstlich darauf bedacht sind, anderen zu dienen. Bei all ihren Anstrengungen überschätzen sie ihre Kraft. Sie leben so in ihrem beflissenen Streben, daß sie mehr zu Sklaven als zu willigen Helfern werden. Ihre gute Art verleitet sie, mehr zu tun, als ihre Aufgabe wäre, und dabei könnte ihr eigenes Lebensziel vernachlässigt werden.

Walnuß / Walnut

Für jene, die bestimmte Ideale und feste Zielsetzungen im Leben haben und diese verfolgen, bei seltenen Gelegenheiten jedoch versucht sind, sich von ihren eigenen Vorstellungen, Zielen und Arbeiten ablenken zu lassen durch die Begeisterung, die Überzeugungen oder die Ansichten anderer. Dieses Heilmittel gibt ihnen Standhaftigkeit und schützt sie vor Beeinflussung von außen.

Stechpalme / Holly

Für jene, die manchmal von Gedanken wie Eifersucht, Neid, Rachsucht oder Argwohn befallen werden. Für die verschiedenen Formen von ärgerlicher Unruhe. Im Innern leiden diese Menschen häufig sehr, und dies vor allem, wenn es für ihr Unglücklichsein keinen echten Grund gibt.

Für jene, die mutlos und verzweifelt sind

Lärche / Larch

Für jene, die sich selbst nicht als so gut oder fähig halten wie die Menschen ihrer Umgebung. Sie rechnen damit zu scheitern, haben das Gefühl, nie Erfolg zu erleben, und so wagen sie nicht einmal eine Anstrengung, die groß genug wäre, ihnen Erfolg zu bringen.

Kiefer / Pine

Für jene, die sich selbst Vorwürfe machen. Selbst wenn sie erfolgreich sind, denken sie, sie hätten es noch besser machen können, und sind nie zufrieden mit ihren Bemühungen oder deren Resultaten. Sie arbeiten schwer und leiden sehr unter den Fehlern, die sie sich selbst einreden. Manchmal, wenn es einen Fehler gibt, den andere verschuldet haben, nehmen sie diesen sogar auf sich und fühlen sich verantwortlich.

Ulme / Elm

Für jene, die gute Arbeit leisten, der Berufung ihres Lebens folgen und hoffen, etwas Wichtiges zu vollbringen, das möglichst zum Wohle der Menschheit sei. Es gibt Zeiten, wenn sie niedergeschlagen sind und das Gefühl haben, die Aufgabe, die sie sich aufbürdeten, sei zu schwer und ihre Erfüllung übersteige die menschliche Kraft.

Edelkastanie / Sweet Chestnut

Für jene Phasen, die manche Menschen zuweilen erleben, in denen die Seelenqual so groß ist, daß sie unerträglich scheint. Wenn man seelisch oder körperlich meint, bis zum Äußersten seiner Belastbarkeit geführt worden zu sein und glaubt, jetzt nachgeben, zusammenbrechen zu müssen. Wenn es den Anschein hat, daß man nichts anderes mehr als Zerstörung und Auslöschung gewärtigen könnte.

Goldiger Milchstern / Star of Bethlehem

Für jene, die in großer Bedrängnis stehen oder sich in Umständen befinden, die sie sehr unglücklich machen. Der Schock einer schlimmen Nachricht, der Verlust eines lieben Menschen, der Schreck nach einem Unfall und ähnliche Zustände. Für jene, die sich eine Zeitlang gar nicht trösten lassen wollen, bringt dieses Heilmittel Erleichterung.

Weide / Willow

Für jene, die ein Mißgeschick oder Unglück erlitten haben und dies nur schwer ohne Klagen und Verbitterung annehmen können, da sie das Leben vor allem nach dem Erfolg beurteilen, den es ihnen bringt. Sie haben das Gefühl, so schwere Prüfungen nicht verdient zu haben; sie meinen, es sei ihnen Unrecht widerfahren und werden verbittert. Oft zeigen sie weniger Interesse und sind weniger aktiv in bezug auf jene Dinge, die ihnen früher Freude und Befriedigung gebracht haben.

Eiche / Oak

Für jene, die sich sehr anstrengen und Mühe geben, um wieder gesund zu werden und auch in ihrem täglichen Leben hart kämpfen. Sie werden weiterhin eines nach dem anderen ausprobieren, auch wenn ihr Fall hoffnungslos scheint. Sie kämpfen weiter. Sie sind nicht zufrieden mit sich selbst, wenn Krankheit ihnen die Erfüllung ihrer Pflichten oder ihrer

Hilfe für andere durchkreuzt. Sie sind tapfere Menschen, die gegen große Schwierigkeiten ankämpfen, ohne daß ihre Anstrengungen oder ihre Hoffnungen dabei nachlassen.

Holzapfel / Crab Apple

Dies ist ein Heilmittel zur Reinigung. Für jene, die das Gefühl haben, etwas nicht ganz Reines an sich zu haben. Oft ist dies etwas offensichtlich Unbedeutendes. Andere mögen eine weitaus ernstere Krankheit haben. Diese bleibt fast unbeachtet im Vergleich mit der einen Kleinigkeit, auf die sie ihre Aufmerksamkeit konzentrieren. In beiden Fällen sind sie jedoch ängstlich darauf bedacht, frei zu sein von jener einen bestimmten Angelegenheit, die ihr ganzes Denken mit Beschlag belegt und ihnen so wesentlich erscheint, daß sie davon geheilt werden wollen. Sie werden verzagt, wenn die Behandlung fehlschlägt. Als reinigendes Heilmittel kann diese Medizin auch Wunden säubern, wenn der Patient Grund zu der Annahme hat, daß Giftstoffe eingedrungen sind, die entfernt werden müssen.

Für jene, die um das Wohl anderer allzu besorgt sind

Wegwarte / Chicory

Für jene, die sich sehr um das Wohl und die Bedürfnisse anderer Menschen bekümmern und dazu neigen, sich zu sehr um Kinder, Angehörige, Freunde etc. zu sorgen, bei denen sie immer etwas finden, das sie in Ordnung zu bringen hätten. Sie sind ständig dabei, besser zu machen, was sie meinen, korrigieren zu müssen, und fühlen sich dabei wohl. Sie haben den innigen Wunsch, daß jene, um die sie sich kümmern, in ihrer Nähe sind.

Eisenkraut / Vervain

Für jene mit festen Prinzipien und fixen Vorstellungen, die sie für richtig halten und nur sehr selten ändern. Sie haben das starke Verlangen, alle zu ihren eigenen Ansichten über das Leben zu bekehren. Sie sind willensstark und zeigen viel Mut, wenn sie überzeugt sind von den Dingen, die sie andere lehren möchten. Sind sie krank, halten sie sich noch lange auf den Beinen und bleiben an ihrer Arbeit, wenn andere ihre Pflichten schon längst aufgegeben hätten.

Weinrebe / Vine

Sehr fähige Menschen, die sich ihrer Fähigkeit gewiß sind und ihren Erfolg zuversichtlich erwarten. Bei all ihrer Sicherheit denken sie, daß es auch für andere gut wäre, wenn sie sich überreden ließen, so zu handeln wie sie selbst oder wie sie meinen, daß es richtig sei. Selbst im Krankheitsfall werden sie denen, die ihnen helfen und sie pflegen, Anweisungen erteilen und sich besserwisserisch zeigen. In Notsituationen sind sie zu außerordentlichen Leistungen in der Lage.

Buche / Beech

Für jene, die das Bedürfnis haben, in allem, was sie umgibt, besonders das Gute und Schöne zu sehen. Und obwohl vieles offensichtlich falsch ist, haben sie doch die Fähigkeit, das Gute im Innern zu erkennen. So achten sie darauf, toleranter, nachsichtiger und verständnisvoller gegenüber den verschiedenen Weisen zu sein, in denen jeder einzelne und alles sich seiner jeweiligen Vollendung nähert.

Quellwasser / Rock Water

Für jene, die in ihrer Lebenseinstellung sehr strikt sind. Sie versagen sich selbst viel von der Freude und den Vergnügungen des Lebens, weil sie meinen, diese ständen ihrer Arbeit im Wege. Sie sind sich selbst gestrenge Lehrmeister. Sie wünschen, gesund, kräftig und aktiv zu sein und werden alles tun, das sie ihrer Meinung nach in diesem Zustand erhält. Sie hoffen, Vorbilder zu sein, die andere anregen werden, die dann ihren Vorstellungen folgen und sich dadurch zu besseren Menschen entwickeln.

RESCUE REMEDY (Notfalltropfen)

Bei Rescue Remedy handelt es sich um eine fertige Blütenkombination, die als Erste-Hilfe-Maßnahme bei Notfällen aller Art eingesetzt werden kann. Die Mischung besteht aus folgenden Blüten

Star of Bethlehem:	für den Schockzustand
Rock Rose:	gegen akute Angst und Panikgefühle
Impatiens:	gegen innere Spannungsgefühle und Streß
Cherry Plum:	gegen die Angst, aus Verzweiflung durchzudrehen
Clematis:	für das außerkörperliche Gefühl, das oft einer Ohnmacht vorausgeht

Die Rescue- oder auch Notfalltropfen ersetzen keine ärztliche Behandlung, aber sie helfen, einen energetischen Schock, in dessen Folgen sich schwere körperliche Schäden manifestieren würden, zu verhindern oder schneller aufzulösen. Als Schock oder Notfall wird alles zusammengefaßt, was unser energetisches System erschüttert und irritiert – vom plötzlichen Schreck, Wespenstich, über eine unangenehme Nachricht, bis hin zu einem körperlichen Unfall mit Bewußtlosigkeit. In einem derartigen Zustand wird das energetische System stark beeinträchtigt, und der physische Körper allein hat dann keine Möglichkeit mehr, Maßnahmen zur Selbstheilung einzuleiten. Rescue Remedy sorgt dafür, daß sich das energetische System schnell wieder erholt. Bei einem Schock oder plötzlichen Ereignis kann man einen Tropfen pur auf die Zunge geben und dies wiederholen, bis eine Erleichterung oder Besserung eintritt. Je nach Art des Schock- oder Angst-Zustandes kann man auch zwei bis vier Tropfen in ein Glas Wasser geben und in kleinen Schlucken in Abständen von einigen Minuten trinken, bis der behandlungsbedürftige

Zustand sich gebessert hat. Man kann auch akute Probleme durch äußerliche Anwendungen lindern, z. B. bei Bienen- oder Wespenstichen eine Verdünnung der Rescue-Tropfen auftragen.

Rescue Remedy stellt bei schweren Unfällen und in lebensbedrohlichen Situationen eine für jeden Menschen leicht anwendbare Erste-Hilfe-Maßnahme bis zum Eintreffen eines Arztes dar.

Das Repertorium

Hinweis:

Die *Literatur*-Spalte liest sich wie folgt:
z.B. bezeichnet **SO** das Werk in der Bibliographie auf Seite 198.
SO = Mechthild Scheffer, Original-Bach-Blüten-Therapie;
die Zahl bezeichnet die Seitenzahl

Gemütszustand	Symptome	Bach-Blüte	Literatur
Aberglauben	Neigung zu Mystifizierungen	Aspen	SO/S144, SB/S56
Abgefunden	Hat sich innerlich ganz oder teilweise aufgegeben	Wild Rose	KN/S51 SB/S251
Abgrenzung	Aggressive, notorische Neinsager	Holly	KT/S51, TB/S58
Abgrenzung	Bei Neigung, negative und krankmachende Energie beim Behandeln von anderen aufzunehmen	Walnut	IM/S156
	Fehlende A. durch Sorgen um andere	Red Chestnut	SS/S165
	Hat Schuldgefühle, weil er sich abgrenzt	Pine	KC/S67
	Mangelnde A. aus Willensschwäche	Centaury	KT/S50
	Stärkt die Abgrenzung und gibt eine energetische Schutzzone für Therapeuten und Pfleger	Walnut	AK/S101
	Übertriebene Abgrenzung mit Unnahbarkeit, aus Angst vor wirklicher Nähe	Water Violet	IM/S160
Abgrund	Gefühl, man stehe an einem A.	Sweet Chestnut	SS/S182
Abhängigkeit	Aus Beeinflußbarkeit, macht unabhängiger	Walnut	BN/S299
	Aus Schuldbewußtsein, befreit vom Wunsch nach Vergebung	Pine	BN/S299
	Des Kindes, wegen Überfürsorge	Red Chestnut	SS/S165

Gemütszustand	Symptome	Bach-Blüte	Literatur
Abhängigkeit	Von anderen, wegen innerer Unsicherheit, Unselbständigkeit	Cerato	KN/S31
	Von Gefühlszuwendungen anderer	Chicory	SS/S95, SB/S89, KN/S92
	A. von jemandem; wird vermieden, weil man als Kind oder Jugendlicher tief enttäuscht wurde	Impatiens	CB/S115
	Von Stimulantien, wie Kaffee, Tee, Alkohol	Hornbeam	TB/S83
	A. von Suchtgiften, A. als Mangel an Willensschwäche; als Ersatz für nicht erhaltene Zuwendung	Centaury	KT/S51
	Von Unterhaltung, Drogen, Alkohol, Tabletten, um sich abzulenken	Agrimony	SB/S48, KN/S73
	Will auf keinen Fall von anderen abhängig sein	Water Violet	SS/S198, KN/S54
Ablehnung	Allem Fremden gegenüber	Beech	LB/S65
	Angst vor Ablehnung	Larch	LB/S65
	Lehnt seinen Körper ab	Crab Apple	GU/S17
	Lehnt sich selbst ab	Larch	GU/S17
Ablenkbarkeit	Aus Unaufmerksamkeit	Chestnut Bud	BN/S300
	Hat Angst, etwas zu verpassen	Scleranthus	GU/S17
	Vom eigenen Ziel, kann sich gegen Beeinflussung nicht wehren	Walnut	BN/S300

Gemütszustand	Symptome	Bach-Blüte	Literatur
Ablenkbarkeit	Weil ständig auf der Suche, kann sich nicht auf eine Sache konzentrieren	Wild Oat	BN/S300
	Bei Hang zum Tagträumen	Clematis	KB/S11, KN/S113
	Von Unangenehmem durch Geselligkeit, Fernsehen, Alkohol, Aktivitäten in jeder Form	Agrimony	SO/S143
Abnabelung	Nicht vollzogene A. von den Eltern	Red Chestnut	SO/S167, SB/S182
Abneigung	Generelle, vor Insekten	Crab Apple	TB/S70
	Natürliche, wird unterdrückt	Beech	BN/S35
Abschalten	Kann nicht, wirkt wie aufgezogen	Vervain	GU/S17
	Kann seine Gedanken nur schwer abschalten	White Chestnut	LB/S65
	Wenn man nicht abschalten kann	Oak	TB/S93
Abscheu	Vor Ansteckung, Bakterien, Viren, Insektenstichen, Schmutz	Crab Apple	TB/S70
	Vor dem Stillen und dem Küssen	Crab Apple	TB/S71
	Vor sich selbst, wegen Reinheitsvorstellungen	Crab Apple	SB/S100, KN/S42
Abstillphase	Erleichtert das Abstillen, verhindert Überfürsorge	Chicory	AK/S51
	Für Babys, die wütend, das Essen ausspucken	Beech	HK/S60

Gemütszustand	Symptome	Bach-Blüte	Literatur
Abstillphase	Für Kinder, die einen extrem starken Willen haben	Vine	HK/S60
	Für Kinder, die irritiert und gereizt reagieren	Impatiens	HK/S60
	Hilft dem Kind während des Übergangs	Walnut	HK/S60
	Wird erleichtert durch	Red Chestnut	SB/S184
Abszesse	allgemein	Crab Apple	MR/S120
Abwesend	Ist gedanklich in der Vergangenheit	Honeysuckle	GU/S18
	Wirkt abwesend, hört nicht zu	Clematis	LB/S65
Aggressivität	Bei A., die nicht abgebaut werden kann	Holly	TB/S80
	Mit Eifersucht, Ärger	Holly	EB/S81, KN/S24
	Mit überschießenden Reaktionen	Cherry Plum	EP/S64
	Mit Verbitterung	Willow	BN/S301
	Nach schlimmen Erlebnissen	Star of Bethlehem	EP/S64
	Reagiert mit A., wenn er nicht seinen Willen bekommt	Chicory	BW/S209
	Wegen Fehler anderer oder Widerspruch, gerät in Rage, wird handgreiflich	Beech	KT/S131
	Wenn man sich bedroht fühlt	Aspen	IS/S50
	Will aggressiv dominieren	Vine	LB/S65
	Wird gewalttätig	Holly	GU/S18

Gemütszustand	Symptome	Bach-Blüte	Literatur
Ahnungen	Ängstliche, vor drohendem Unheil	Aspen	BN/S301, LB/S65
Akne	Als Basisbehandlung von Hauterkrankungen	Crab Apple	DW/S49
	Für die hormonelle Umstellung, zur Persönlichkeitsentwicklung in der Pubertät	Walnut	BN/S350, MR/S345
	Immer wieder Schübe	Chestnut Bud	SO/S149
	Mit Angst vor Nähe	Agrimony	WS/S58
	Mit Ekel vor Pickeln	Crab Apple	SO/S152
	Wegen Selbstablehnung	Larch	BN/S350, DW/S49
Akzeptieren	Kann andere Meinungen nicht akzeptieren	Vine	GU/S18
	Kann sich selbst nicht so a., wie er ist, fühlt sich nicht o.k.	Crab Apple	CB/S150
	Unfähig, andere zu akzeptieren	Beech	LB/S65
	Unfähig, das eigene Schicksal zu akzeptieren	Willow	LB/S65
Albern	Benimmt sich wie ein Kleinkind	Heather	LB/S65
	Ist ständig überdreht	Agrimony	LB/S65
Alleinsein	Bevorzugt beim Arbeiten; aus Ungeduld	Impatiens	SB/S143, KN/S85
	Bevorzugt in Gesundheit und Krankheit	Water Violet	BW/S69

Gemütszustand	Symptome	Bach-Blüte	Literatur
Alleinsein	Braucht Begleitung beim Bewältigen von Alltags-aufgaben	Mimulus	SS/S142
	Gefühl des A., beim Bewältigen schwerer Aufgaben	Oak	SS/S150
	Kann nicht allein sein, braucht andere, um von sich zu sprechen	Heather	SB/S123, KN/S108
	Schwer zu ertragen	Heather	BW/S69, SS/S118, KN/S107
	Starke Abneigung gegen A., will alle, die er liebt, um sich haben	Chicory	KN/S92
	Vermeidet A., um nicht an seine Sorgen zu denken	Agrimony	SB/S47, KN/S73
Allergien	Bei allen allergischen Reaktionen, wie Ekzem, Heuschnupfen, Bronchitis, Asthma	Crab Apple	MR/S120, HK/S140
	Bei Allergien mit Angst und großer Empfindsamkeit	Mimulus	TB/S89, GW/S106
	Bei allergischen Schock-reaktionen	Holly	TB/S80
	Kontakt mit allergieaus-lösendem Stoff führt zu extremen Hautreaktionen; juckende Quaddeln, oft verbunden mit Fieber	Pine	CB/S172
	Mit Aggression, Wut, Eifersucht	Holly	KN/S25
	Mit Ekel, Gefühl, unrein zu sein	Crab Apple	KN/S44

Gemütszustand	Symptome	Bach-Blüte	Literatur
Allergien	Mit starker Abwehrreaktion, schwere Niesanfälle, Gereiztheit, allergischer Schock	Holly	BN/S302
	Mit Unversöhnlichkeit, nimmt keinen Trost an	Star of Bethlehem	CB/S178
	Plötzliche allergische Hautrötungen	Impatiens	KT/S100
	Übertriebene Toleranz nach außen mit Intoleranz gegen die eigenen Unverträglichkeiten	Beech	BN/S39
	Wegen intoleranter Geisteshaltung; auf harmlose Stoffe wie Pollen, Hausstaub, Federn	Beech	KN/S61
	Zur allgemeinen Blutreinigung, Entgiftung	Crab Apple	BN/S302, CB/S149
Alpträume	Als Ausdruck einer belasteten Lebenssituation oder schrecklicher Schockerlebnisse	Star of Bethlehem	BN/S175
	Bei Kindern, die in einem hysterischen Zustand aufwachen	Cherry Plum	HK/S52
	Durch geistige Überforderung	White Chestnut	BN/S303
	Durch Schuldgefühle	Pine	BN/S303
	Erwacht schreiend aus	Rock Rose	SS/S168, SB/S187
	Mit panischem Erwachen, traut sich nicht, wieder einzuschlafen	Aspen	SB/S56

Gemütszustand	Symptome	Bach-Blüte	Literatur
Alpträume	Schutz gegen störende Einflüsse (bei Kindern)	Walnut	HK/S52
	Wegen Angst um die Sicherheit eines Elternteils (bei Kindern)	Red Chestnut	HK/S52
	Wiederkehrende A., in denen unangenehme Erfahrungen stets aufs neue durchlebt werden (bei Kindern)	Honeysuckle	HK/S52
Alter	Bei alten Menschen, die starrsinnig und unbeugsam geworden sind	Vine	AK/S99
	Hat Angst, im Alter allein zu sein	Chicory	KN/S93
	Mit Rückfall in kindisches Betragen, hilfsbedürftig, fordernd	Chicory	KB/S12
	Probleme des Alters führen zu dem Gefühl, lebendig begraben zu sein	Honeysuckle	PM/S38
Altklug	Kind verhält sich wie Erwachsener	Beech	LB/S65
Amok	Tendenz zu unkontrollierter Explosion des psychischen Überdrucks	Cherry Plum	BN/S52
Amputation	Kann A. nicht verkraften	Gorse	SB/S116
Anämie	Mit allgemeiner Schwäche, verringerter Leistungsfähigkeit	Olive	BN/S140
	Mit fehlendem Antrieb	Wild Rose	BN/S303, TB/S119
	Mit fehlender Erdung	Clematis	WS/S39

Gemütszustand	Symptome	Bach-Blüte	Literatur
Anämie	Mit Gefühl der Überforderung	Elm	WS/S39
	Mit Hoffnungslosigkeit	Gorse	BN/S303
	Mit mangelnder Abgrenzung	Centaury	WS/S39
Anaphylaxie	Allergie führt zu lebensbedrohlichen Anfällen	Beech	KN/S62
Anfälle	Plötzliche, heftige bis handgreifliche bei Kindern	Holly	SB/S129
Angeben	Um sich interessant zu machen	Heather	GU/S20
	Um zu beweisen, daß man gut ist	Larch	GU/S20
Angst	Akute Angstzustände nach lebensbedrohenden Ereignissen	Rock Rose	BW/S29, SO/S168, SB/S189, KN/S78
	Angst vor Konflikten	Agrimony	LB/S66
	Angst vor Versagen, vor Mißerfolg	Larch	LB/S66
	Bei A., gelähmt zu werden, z.B. wenn eine Situation im Verkehr brenzlig oder unfallträchtig wird	Rock Rose	TB/S100
	Daß Beziehungen sich verändern könnten; A. vor Verlust	Chicory	SS/S94, SB/S91, BN/S304
	A. die Belastungen nicht mehr durchstehen zu können	Sweet Chestnut	SS/S182, KN/S76
	A. durchschaut zu weden	Agrimony	BN/S304

Gemütszustand	Symptome	Bach-Blüte	Literatur
Angst	In einer Menschenmenge;	Aspen	TB/S54,
	Macht anderen bewußt Angst, um zu regieren	Vine	SB/S222
	A. sich zu blamieren	Heather	BN/S304
	um andere	Red Chestnut	BW/S30, SO/S167, SS/S164, SB/S182, KN/S98
	Unheimliche A., mit Gänsehaut, Nackenhaare sträuben sich, Zittern, Schweißausbrüche, Magenflattern	Aspen	SB/S54
	vage, geheime Furcht vor drohendem Unheil, Kollektivangst, z.B. Atomkatastrophen	Aspen	SO/S144, SB/S56
	Vor der Zukunft, vor Neuem, vor Veränderungen	Star of Bethlehem	CB/S177
	Vor falscher Entscheidung	Cerato	SS/S86, BN/S304
	Vor Geistern, Gespenstern, dem schwarzen Mann (bei Kindern)	Aspen	KB/S40
	Vor Insekten, Bakterien, verdorbenen Speisen, Infektionsgefahren	Crab Apple	SB/S101
	Vor konkreten Objekten, Situationen	Mimulus	BW/S29, SO/S162, SS/S142, SB/S153, KN/S103

Gemütszustand	Symptome	Bach-Blüte	Literatur
Angst	Vor Kurzschlußhandlungen; A. die Selbstkontrolle zu verlieren	Cherry Plum	BW/S30, SO/S148, SB/S75, KN/S82
	Vor Schmerzen, vor Spritzen oder dem Zahnarzt	Mimulus	TB/S89
	Vor Strafe	Pine	BN/S305
	Vor Tieren	Mimulus	TB/S89
	Vor zu nahem Kontakt	Water Violet	BN/S305
	Wieder in die Heilanstalt zu kommen	Cherry Plum	SB/S77
Anhänglichkeit	Für Kinder, die sich sehr an den Rockzipfel der Mutter hängen	Mimulus	TB/S89
Annehmen	Kann andere nicht so annehmen, wie sie sind, kritisch, verurteilend	Beech	KB/S13, KN/S60
	Kann sich nicht a., wie er ist	Pine	SO/S166
Anspannung	Angespannt aus bestimmten Ängsten	Mimulus	LB/S65
	Angespannt aus vagen Ängsten	Aspen	LB/S65
	Bei extremer innerer	Vine	TB/S110
	Im Kieferbereich	Oak	TB/S93
	Läßt nur am Wochenende nach, dann erlaubt man sich Kopfschmerzen...	Oak	MR/S236
	Nervöse A., inneres Kribbeln	Impatiens	SS/S134, SB/S144
	Starke A. im ganzen Körper, die nachts nicht nachläßt	Vervain	SS/S186, SB/S217, KN/S65

Gemütszustand	Symptome	Bach-Blüte	Literatur
Anspannung	Steht unter Druck, kontrolliert sich stark, aus Angst durchzudrehen	Cherry Plum	FG/S237
Antibiotika	Nach Einnahme von A. Müdigkeit, Abgeschlagenheit und erhöhte Anfälligkeit	Crab Apple	CB/S149
	Nach Einnahme von A. zur Anregung der Drüsentätigkeit	Centaury	EP/S68
	Nach Einnahme von A., zur Anregung der Lebertätigkeit	Chicory	EP/S68
	Nach Einnahme von A., zur Anregung der Nierentätigkeit	Wild Rose	EP/S68
	Nach Einnahme, zur Aufrechterhaltung der Zellmembran	Clematis	EP/S68
	Zur Ausleitung	Crab Apple	TB/S71
Antriebsschwäche	A. und Depression kommen wie aus heiterem Himmel, ohne erkennbare Ursache	Mustard	FG/S239, ZE/S107
	Allgemein, wegen Resignation	Wild Rose	BN/S308
	Aus Hoffnungslosigkeit, hat schon vieles versucht	Gorse	FG/S239
	Bei Erschöpfung und Kraftlosigkeit	Olive	BN/S308, CB/S217, FG/S239
	Bei Perioden tiefer Traurigkeit	Mustard	SO/S163, SS/S146, SB/S160
	Chronisch, weil er lieber in einer Phantasiewelt lebt	Clematis	KN/S115
	Hat Schwierigkeiten, die Aufgaben des Tages anzufangen, braucht lange Anlaufzeit	Hornbeam	FG/S239

Gemütszustand	Symptome	Bach-Blüte	Literatur
Antriebs-schwäche	Im Krankheitsfall wegen schwachem Selbsterhaltungstrieb	Clematis	SO/S151, SB/S94
	Wegen mangelndem Selbstvertrauen	Larch	BN/S308
	Weil man über Vergangenes grübelt	Honeysuckle	GU/S22
Apathie	Bei Hoffnungslosigkeit wegen langem Leiden	Gorse	FG/S240
	Bei Kapitulation vor dem Leben; fehlende Lebensfreude	Wild Rose	FG/S240
	Gedanken sind in der Vergangenheit	Honeysuckle	LB/S66
	Gibt sich ganz seinen Träumen und Phantasien hin, nimmt nicht mehr an der Gegenwart teil	Clematis	FG/S240
	Mit Depressionen, die sich wie eine dunkle Wolke auf den Betroffenen legen	Mustard	FG/S240
	Teilnahmslosigkeit	Wild Rose	SO/S179, SB/S252, KN/S51
Appetit-losigkeit	aus Traurigkeit	Mustard	TB/S91, SO/S163
	völlige	Sweet Chestnut	TB/S107
Ärger	Ärgerlich durch Übereifer	Vervain	LB/S67
	Ärgerlich durch übertriebenen Ehrgeiz	Vine	LB/S67
	Ärgert gern andere	Holly	LB/S67
	Ärgert sich über sich	Pine	GU/S22

Gemütszustand	Symptome	Bach-Blüte	Literatur
Ärger	In Beziehungen, mit Neid, Eifersucht, fördert gegenseitiges Verständnis	Holly	FG/S241
	Mit Verbitterung	Willow	LB/S67
	Über die Fehler und Unzulänglichkeiten anderer	Beech	FG/S241, HF/S19
	Wird überspielt, macht immer ein freundliches Gesicht	Agrimony	FG/S241
	Wird unterdrückt, aus Angst vor Liebesentzug, kann nicht nein sagen	Centaury	FG/S241
Arroganz	Hält andere Menschen für unfähig	Vine	GU/S22
	Ist überkritisch und intolerant	Beech	LB/S66
	Kompensiert Demütigung mit A.	Beech	SB/S60
	Stellt seinen Willen über den von anderen; dominant	Vine	FG/S242, LB/S66
	Wird von anderen A. vorgeworfen	Water Violet	SO/S176, SB/S232, BN/S308
Aschenputtel	Fühlt sich wie	Centaury	TB/S59
Asthma bronchiale	Angst, kann nicht mehr durchatmen, Zwerchfell krampfhaft blockiert	Agrimony Aspen Mimulus	BN/S380
	generell bei A. b.	Vine	WS/S120
	Bei akutem Anfall mit Panik	Rescue Rem.	BN/S380
	Bei Kindern, die von den Eltern 'erstickt' werden, um abhängig zu bleiben	Chicory	KN/S95
	Fördert Gelassenheit und verhindert eine für diesen Zustand gefährliche Ungeduld	Impatiens	EP/S69

Gemütszustand	Symptome	Bach-Blüte	Literatur
Astma bronchiale	Infolge totaler Verkrampfung der gesamten Brustmuskulatur	Oak	KT/S78
	Langer Anfall mit großer Erschöpfung	Rock Rose	CB/S46
	mit Therapieresistenz wegen seelischem Trauma	Star of Bethlehem	SO/S171, KN/S129
	Um Aufmerksamkeit oder Zuwendung zu bekommen	Chicory	SO/S150
	Zu starke energetische Verbindung mit anderen	Red Chestnut	WS/S42
	Lindert die panische Angst vor einem neuen Anfall und baut den Mut zur Besserung sukzessive auf	Cherry Plum	EP/S69
Asthma cardiale	Bei Herzerkrankung mit egoistischen Charakterzügen	Heather	EP/S70
	Nach oder bei besonderen Anstrengungen, nach Anfällen	Hornbeam	EP/S70
	Reguliert die Herzschwäche, indem es hilft, liebevolle Toleranz zu entwickeln	Holly	EP/S70
	Stärkende Auswirkung auf die Herzmuskulatur	Agrimony	EP/S70
	Stärkt die Aktivierung der Selbstheilungskräfte, erleichtert die Arbeit des Herzens	Centaury	EP/S70
	Stärkt die Schleimhäute, die durch asthmatische Anfälle gereizt sind	Olive	EP/S70
	Wirkt gegen diffuse Ängste, die das Herz schwächen und zuVerengungen und Krämpfen führen	Aspen	EP/S70

Gemütszustand	Symptome	Bach-Blüte	Literatur
Atem-beschwerden	Wegen unverarbeiteter Traumata	Rock Rose	GW/S116
Atemnot	Wegen verkrampftem Zwerchfell	Impatiens	CB/S116
Aufbrausend	Aus Ungeduld	Impatiens	GU/S22
	Generell	Holly	GU/S22
	Wenn andere nicht funktionieren	Vine	GU/S22
Aufdring-lichkeit	Mit Bevormundung	Vine	BN/S308
	Mit Fürsorge und Hilfsbereitschaft	Chicory	BN/S308, KC/S69
	Mit guten Ratschlägen und seiner Hilfe	Vervain	BN/S189
	Spricht jeden an, der ihm über den Weg läuft, hält einen sogar am Ärmel fest	Heather	KT/S43, KB/S67, LB/S66
Aufgeben	Erwartet Fehlschläge aufgrund der eigenen Unfähigkeit; mit mangelndem Selbstvertrauen	Larch	FG/S244
	Gefühl des A. wegen Problemen	Wild Rose	SS/S210
	Gibt selbst nach vielen Jahren Krankheit die Hoffnung nicht auf	Oak	CB/S167
	Gibt sich selbst auf, läßt sich unterdrücken und ausnützen	Centaury	FG/S244
	Ist unmöglich, aus Pflichtgefühl	Oak	KN/S90
	Wegen chronischer Krankheit oder verzweifelter Situation, glaubt nicht mehr, das noch etwas hilft	Gorse	BH/S122
	Wegen zu geringem Durchhaltevermögen	Gentian	BN/S308, FG/S244

Gemütszustand	Symptome	Bach-Blüte	Literatur
Aufgeben	Weil man schnell das Interesse verliert	Wild Oat	GU/S22
Aufmerk-samkeit	Aus Mangel an A. viele, eher kleinere Unfälle	Impatiens	CB/S116
	Bedürfnis nach übertriebener A. von anderen	Chicory	KB/S14, KN/S95
	Kinder erzwingen A. mit allen Mitteln, nehmen selbst Strafe in Kauf	Heather	KS/S67
	Fehlende A. im Umgang mit anderen, aus Ungeduld	Impatiens	CB/S117
	Fordert mit Weinen A. (bei Kindern)	Chicory	SB/S87, KN/S97
	Übertriebene A. auf den Körper, mit Schlankheitskuren, teuren Cremes	Crab Apple	CB/S151
Augen	Bei Augendruck und Augen-brennen, schlaffe Augenlider	Hornbeam	TB/S83
	Conjunktivitis, entzündungsabbauend	Crab Apple	BN/S309
	Glaukom, chronisch entzündet	Crab Apple	BN/S310
	Glaukom, wegen innerer Spannung	Agrimony	BN/S310
	Katarakt, bei geistiger Starre, Unnachgiebigkeit	Oak	BN/S309
	Müde und gereizt, Druck, Brennen, wegen Überanstrengung	Hornbeam	SB/S139, KN/S66
	Sehschwäche bei Angst vor etwas Bestimmten	Mimulus	BN/S309
	Sehschwäche bei Trauer oder Nostalgie	Honey-suckle	BN/S309

Gemütszustand	Symptome	Bach-Blüte	Literatur
Augen	Sehschwäche mit Lebensangst	Aspen	BN/S309
	Sehschwäche mit wenig Interesse an der Gegenwart	Clematis	BN/S309
	Unbeherrschbare Zuckungen im Augenmuskel	Agrimony	KT/S119
Ausdauer	Übermenschlich große	Oak	SB/S167, KN/S90
Auseinander-setzung	Empfindet A. als lästig und anstrengend, Einzelgänger	Water Violet	FP/S50
	Fürchtet sich vor A., will geliebt und anerkannt sein	Centaury	FP/S50
	Überspielt Ärger durch Witz und aufgesetzte Fröhlichkeit	Agrimony	FP/S50
	Während einer A. sprachlos, danach lassen einen die Gedanken daran nicht mehr los	White Chestnut	CB/101
Ausge-schlossenheit	Fühlt sich vom normalen Leben ausgeschlossen	Mustard	TB/S90
	Gefühl der A.; Einsamkeit	Heather	BN/S91
Ausnutzen	Fühlt sich ausgenutzt	Chicory	IH/S25
	Läßt sich leicht ausnutzen	Centaury	IH/S25
Ausscheidung	Störung der A., z.B. Durchfall, Verstopfung, erschwerter oder vergeblicher Stuhldrang	Oak	KT/S75
Außenseiter	Bei Kindern, die sich von anderen abgrenzen, lieber allein sind	Water Violet	FS/S55
	Psychologischer Außenseitertyp	Sweet Chestnut	SO/S172

Gemütszustand	Symptome	Bach-Blüte	Literatur
Außenseiter	Weil er sich aus Bindungsangst überheblich von den Menschen zurückzieht	Water Violet	ZE/S67
Ausstrahlung	Dunkle, negative	Willow	MR/S409
	Kalte bis harte (bei Frauen)	Vine	SO/S174
	Positiv, warm, offen, engagiert	Vervain	SO/S173, SB/S214
	Souverän, besonders	Water Violet	SO/S176
Ausweg-losigkeit	Verzweiflung, Grenze des zu Ertragenden erreicht	Sweet Chestnut	SO/S172, SB/S210, KN/S76
Autismus	Generell	Clematis mit Chestnut Bud	MR/S111
Autoaggres-sionser-krankungen	Bei selbstzerstörerischem Verhalten	Vine	TB/S110
	z.B. Selbstmitleid, Arthrose	Willow	TB/S121
Autoimmun-schwäche	Mit Unversöhnlichkeit; Wut und Aggression richten sich nach innen; nimmt keinen Trost an	Star of Bethlehem	CB/S178
Autorität	im Auftreten, aufgrund missionarischer Überzeugung	Vervain	BN/S310
	im Auftreten, aufgrund intoleranter Engstirnigkeit	Vine	SO/S174, SS/S193, KN/S33, BN/S310
	Ordnet sich aus Unsicherheit und zwanghaften Verhaltensnormen einer A. unter	Pine	BN/S149
	Unterwürfig gegenüber anderen	Centaury	KB/S14, KN/S21

Gemütszustand	Symptome	Bach-Blüte	Literatur
Autorität	Verläßt sich auf die A. anderer, erkennt seine innere A. nicht an	Cerato	KB/S14
Autoritäts-gläubigkeit	Wegen zuwenig Vertrauen in die eigene Meinung	Cerato	SO/S147, KN/S30
Autoritäts-problem	Generell	Vine	SO/S174
Bänder-zerrungen	Häufig	Cerato	BF/S45
Bandscheiben-schäden	Generell	Oak	WS/S100
Bann	Fühlt sich trotz Trennung in einem	Walnut	SB/S229
Bauchdecke	Hart gespannt	Impatiens	KT/S75
Bauch-schmerzen	Aus Angst vor der Schule (bei Kindern)	Agrimony	CB/S129
	Wegen Kummer, Aufregung	Chicory	BW/S209
Bauch-speicheldrüse	Störungen aufgrund Erschöpfung und mentaler Überforderung	Hornbeam	WS/S33
	Störungen aufgrund eines Schockerlebnisses	Star of Bethlehem	WS/S33
	Störungen durch zu harte Selbstdisziplin	Rock Water	WS/S33
	Störungen mit mangelndem Geborgenheitsgefühl	Heather	WS/S33
	Störungen, lebt in der Vergangenheit, kann das Positive jetzt nicht annehmen	Honey-suckle	WS/S33
Beachtung	Versucht durch Reden B. zu bekommen	Heather	EB/S39, KN/S108
Bechterew	Bei Erwachsenen mit gestörtem Selbstwertgefühl	Larch	BN/S115, TB/S87

Gemütszustand	Symptome	Bach-Blüte	Literatur
Bedauern	Einer verpaßten Chance oder eines unerfüllten Wunschtraums	Honey-suckle	ST/S85
	Von Vergangenem	Honey-suckle	SS/S126, SB/S132
Bedürfnisse	Kennt seine eigenen B. nicht, kann nicht für sie einstehen	Centaury	CB/S133
	Redet sich ein, keine B. zu haben	Rock Water	CB/S202
Bedürftigkeit	Bei Müttern, die manipulieren	Chicory	SB/S89
	Das bedürftige Kleinkind	Heather	SB/S123
	Gefühlsmäßige, wird vom Denken übergangen	Hornbeam	SS/S132
	Innere, seelische	Heather	SS/S118, SB/S120, KN/S108
	Spricht nur von sich	Heather	SS/S118, SB/S120
Beeindruck-barkeit	Große B. von der Stärke, Schönheit und Willensstärke anderer	Centaury	CB/S132
Beeinfluß-barkeit	Läßt sich leicht überreden	Cerato	LB/S68
	Scheint unter einer ihm selbst nicht bewußten Beeinflussung zu stehen	Red Chestnut	SO/S167
	Während Neubeginnphasen	Walnut	SO/S175, SB/S228, IS/S50
	Wegen Schwäche der Persönlichkeit, der Selbstsicherheit	Walnut	BN/S195
	Weil Eigenwille zu schwach und zu offene Haltung	Centaury	SB/S67, KN/S21

Gemütszustand	Symptome	Bach-Blüte	Literatur
Befangenheit	Innere	Walnut	SS/S194
Begeisterung	Bei übermäßig begeisterten Kindern, die tausend Ideen im Kopf haben	Vervain	TB/S108
	Sich schnell verflüchtigende, wenn keine Wunderheilung erfolgt	Gorse	PM/S35
	Will andere überzeugen	Vervain	SO/S173, SS/S188
Beharrlichkeit	Während eines langen Ringens; Tapferkeit	Oak	KB/S15
Beherrschen	Will andere	Vine	SS/S191, BN/S190
Behinderung	Führt zu Hochmut, weil Mitleid von anderen unerträglich	Water Violet	KT/S133
Beißen	Aus Aggressivität und Wut	Holly	EB/E81, LB/S68
Beklemmung	Lähmende, fühlt sich seelisch wie in einem Kerker	Rock Rose	KT/S120
Beleidigtheit	Aus verletzter Eitelkeit	Heather	BN/S311
	Mit schlechter Laune	Holly	SS/S122
	Mit Unversöhnlichkeit, Groll	Willow	BN/S312
	Schmollt, fühlt sich als Opfer des Schicksals	Willow	SS/S214, BN/S221
	Wegen Undankbarkeit anderer	Chicory	SB/S91, KN/S95, LB/S68
	Weil man sich zurückgesetzt fühlt	Willow	LB/S68

Gemütszustand	Symptome	Bach-Blüte	Literatur
Berechnend	Manipuliert seine Angehörigen	Chicory	GU/S25
	Schaut auf seinen Vorteil	Heather	GU/S25
Berufung	Findet seine nicht	Wild Oat	BN/S312
Bescheidenheit	Aus Verzichtbereitschaft, mit Persönlichkeitsschwäche	Centaury	BN/S312
	Falsche, hat weitaus größere Fähigkeiten, als er glaubt	Larch	SB/S149
	Obwohl man gut und korrekt arbeitet, ist man nie zufrieden	Pine	CB/S171
Beschwerden	Der Muskeln und Gelenke, beim Tennisarm und Überanspruchung der Sehnen und Gelenke durch Computerarbeiten	Elm	TB/S73
	Durch unklare Symptome, wie Magen- und Darmstörungen ohne erkennbare Ursache	Wild Oat	TB/S117
	B. werden überspielt,unterhält das Pflegepersonal mit Witzen	Agrimony	SB/S51
Besessenheit	Durch bestimmte Gedanken	White Chestnut	BN/S313
	Durch unklare Ängste	Aspen	BN/S313
	Psychotisch, mit Verrücktkeit, Kurzschlußhandlungen	Cherry Plum	BN/S313
Besitz-ergreifend	Bewußt oder unbewußt, einmischend, manipulierend	Chicory	SO/S150, SB/S38
Besserwisserei	Kleinliche; humorlos	Vine	BN/S190
	Mit Missionierungsdrang	Vervain	BN/S314
Bestätigung	Versucht B. durch Reden zu bekommen	Heather	EB/S39, KN/S108

Gemütszustand	Symptome	Bach-Blüte	Literatur
Bestrafung	Seiner selbst, indem man alle Schuld auf sich lädt	Pine	CB/S171
	Wegen moralischen Dogmen in der Kindheit, hinterläßt Schuldgefühle	Pine	BN/S148
Betäubung	Gefühl der	Star of Bethlehem	SS/S178
Bettnässen	Aus Mangel an Zuwendung, kindlicher Eifersucht	Chicory	BN/S314, HK/S73
	Aus Trotz, Groll, Verbitterung	Willow	BN/S315
	Bei Kindern, die tagsüber sehr kontrollieren, erst nachts Ängste loslassen können	Cherry Plum	SB/S77, CB/S33
	Für Kinder, die bettnässen und einkoten	Heather	TB/S78
	Für Kinder, die etwas auf dem Herzen haben, aber so tun, als sei alles in Ordnung	Agrimony	HK/S73
	Für Kinder, die schon sauber waren, auf einmal wieder anfangen einzunässen und einzukoten	Heather	MR/S157
	Für Kinder, die sich ans Bettnässen gewöhnt haben und nicht aus ihren Fehlern zu lernen scheinen	Chestnut Bud	HK/S73
	Für Kinder, die unter dem dominanten oder aggressiven Verhalten anderer Kinder leiden und denen dies auch nachts zusetzt	Centaury	HK/S73
	Für Kinder, die vor etwas schreckliche Angst haben, z.B. vor Alpträumen	Rock Rose	HK/S73

Gemütszustand	Symptome	Bach-Blüte	Literatur
Bettnässen	Gegen die Erwartungsangst	Mimulus	BN/S314, HK/S73
	Gegen Schuldgefühl	Pine	BN/S314
	Mit peinlichem Beschmutzungsgefühl, Scham	Crab Apple	BN/S314, HK/S73
Bevormundung	Intolerante, herrschsüchtig	Vine	BN/S190
Bewegungsunfähigkeit	Sich ausgelaugt fühlen bis zur	Olive	SS/S154, KN/S87
Beziehung	Eine jahrelang selbstzerstörerische B; braucht dringend Erlösung	Sweet Chestnut	SB/S210
Bindegewebsschwäche	Neigung zu	Hornbeam	SO/S159, SB/S139
Bindehautentzündung	Generell	Crab Apple	TB/S71
	Durch Viren, Fremdkörpereinwirkung, zur Kräftigung	Olive	EP/S74
Bindung	Neurotische B. zwischen Elternteil und Kind	Chicory	BN/S64
	Zu enge energetische	Red Chestnut	EB/S85
Bindungsangst	Einzelgänger, isoliert	Water Violet	BN/S315
Blackout	Beginnt kurz vor oder in einer Prüfung, wegen momentaner Überforderung	Elm	KN/S121
	Mit panischer Angst, bei großer Prüfungsangst	Rock Rose	FG/S264
	Rastet aus, zwanghafte Zustände, weiß nicht mehr, was er tut	Cherry Plum	FG/S263
	Schaltet in Streßsituationen geistig ab, träumt	Clematis	FG/S263

Gemütszustand	Symptome	Bach-Blüte	Literatur
Blässe	Bei blasser Gesichtsfarbe	Wild Rose	TB/S119
	Bei deutlichem Blaßwerden als plötzliche Reaktion auf einen Schock	Rock Rose	TB/S99
	Im Gesicht, immer	Clematis	KT/S95
	Wegen Erschöpfung	Olive	BB/S23
Blasenentzündung	Generell	Crab Apple	TB/S71
	Generell	Impatiens	TB/S85
Blockade	Im Verlauf von Therapien, wenn keine Heilmethoden und Heilmittel wirken	Chestnut Bud	TB/S64
Blutdruck	Extrem niedriger B., läßt sich selbst durch stärkste Medikamente nicht normalisieren	Wild Rose	KN/S52
	Hoher und niedriger Blutdruck wechselnd	Scleranthus	WS/S112
	Hoher, bei starker Ungeduld, Eile, Rastlosigkeit	Impatiens	BN/S316, TB/S85, MR/S198
	Hoher, bei Wut, Ärger, Gereiztheit	Holly	BN/S316
	Hoher, mit häufigem Stimmungswechsel	Scleranthus	WS/S40
	Hoher, mit Kritiksucht, starren Moralvorstellungen	Beech	WS/S39
	Hoher, wegen Leistungs- und Verantwortungszwängen	Oak	BN/S136
	Hoher, wegen mentaler Überforderung, Übereifer	Vervain	KN/S65, BN/S187

Gemütszustand	Symptome	Bach-Blüte	Literatur
Blutdruck	Hoher, wegen selbstauferlegtem Streß, Leistungsdruck	Elm	BN/S79
	Hoher, wegen starkem emotionalen Druck	Cherry Plum	BN/S316
	Hoher, wegen starker Innenspannung	Vine	SB/S222
	Niedriger, mit Ängsten	Mimulus	WS/S40
	Niedriger, mit Gutmütigkeit, Willensschwäche	Centaury	TB/S59
	Niedriger, mit mangelndem Selbstwertgefühl	Larch	WS/S40
	Niedriger, mit Schwindel, Ohnmacht, Tagträumerei	Clematis	BN/S316
Blutfettwerte	Erhöhte	Oak	BN/S136
Brüche	Für den Schock im Körper	Star of Bethlehem	KN/S125
Brutalität	Bei Kindern	Vine	SB/S223
Bulimie	Mit Aufmerksamkeitsbedürfnis	Chicory	HB/S23
	Mit Gefühl von Unreinheit	Crab Apple	KN/S44
	Mit starker innerer Anspannung	Cherry Plum	WS/S68
	Wegen tiefsitzender Abneigung, Haß gegen Familienmitglieder	Holly	HB/S23
Chemotherapie	Folgen von	Crab Apple	SB/S102
Cholerisch	Schimpft sofort	Holly	GU/S26
Cholesterinspiegel	Bei erhöhtem	Oak	TB/S93
Computer	Arbeit wird schlecht vertragen	Scleranthus	SO/S170

Gemütszustand	Symptome	Bach-Blüte	Literatur
Dankbarkeit	Fällt sehr schwer, kann keine D. zeigen	Willow	CB/S186
	Süchtig nach D. von anderen	Chicory	CB/S197
Darmkrankheiten	Durchfall, mit Angst aus einem klaren Grund	Mimulus	BN/S316
	Durchfall, mit unheimlicher Angst	Aspen	BN/S316
	Durchfall, wegen Panik	Rock Rose	BN/S316
	Verstopfung, durch Verkrampfung	Agrimony	BN/S316
Darmsanierung	Unterstützend bei	Crab Apple	AK/S55
Degeneration	Des Gefäßsystems und des Bewegungsapparates	Oak	BN/S136
Demütigung	Beschwerden durch D., fühlt sich abgelehnt	Heather	BN/S91
	Gefühl der, wenn andere ihm etwas sagen wollen, lehnt sich gegen jede Art der Fremdbestimmung auf	Crab Apple	CB/S150
Depression	Aufgrund von Selbstmitleid	Chicory	TB/S66
	Aus Überarbeitung, Mangel an Energie, Enttäuschungen	Centaury	CB/S133
	Durch fehlenden Lebenssinn	Wild Oat	BN/S210, LB/S68
	Durch Schwäche, vor allem Herzschwäche	Olive	BN/S320
	Durch unterdrückte Aggression, Wut	Holly	BN/S319
	Durch Verluste, wie Partner- oder Arbeitsplatzverlust	Gentian	TB/S75

Gemütszustand	Symptome	Bach-Blüte	Literatur
Depression	Durch Versagensangst	Hornbeam	BN/S319
	Endogene, bei einem Elternteil oder Großeltern	Mustard	SO/163
	Endogene, schubweise, ohne erkennbare Ursache	Mustard	SB/S159, KN/S110
	In der Pubertät oder in der Lebensmitte	Mustard	TB/S91
	Larvierte	Mustard	KN/S111
	Mit Schwere, die nach unten zieht	Gorse	SS/S114
	Reaktive, von einem Schicksalsschlag nicht erholt	Gentian	SO/S154, SB/S112, KN/S48
	Wegen chron. Krankheit	Gorse	SS/S114, SB/S117
	Weil man glaubt, nicht gut genug zu sein	Pine	GU/S26
Detail	Bleibt stecken im	Crab Apple	SB/S103, KN/S42
Dickdarm	Pilzbefall, man fühlt sich innerlich unrein	Crab Apple	WS/S35
	Pilzbefall, mit innerem Groll	Willow	WS/S35
	Pilzerkrankung im D. durch mangelnde Abgrenzung	Centaury	WS/S35
Diplomatie	Gegenüber anderen	Vine	SB/S222, KN/S33
	Fehlt aus Rücksichtslosigkeit	Vine	LB/S69
	Fehlt aus Ungeduld	Impatiens	LB/S69
	Fehlt, weil man zu direkt ist	Rock Water	GU/S27

Gemütszustand	Symptome	Bach-Blüte	Literatur
Diplomatie	Stellt seine Machtansprüche mit D.	Chicory	KN/S93
Diskrimi-nierung	wegen Zugehörigkeit zu einer Minderheit	Beech	SB/S60
	Ständige, von einzelnen oder Gruppen	Beech	MR/S51
Diskussionen	Führt keine, weil sowieso immer im Recht	Vine	SB/S223
	Hineinsteigern, ohne ein Ende zu finden	Vervain	SS/S186, KN/S63
	Sehr emotional, läßt den anderen nicht zu Wort kommen, hört nicht zu	Vervain	KT/S108
Distanz	Sucht D. vom Freundeskreis oder Geschäftsbeziehung	Water Violet	SO/S176, SB/S232, KN/S54
	Übertriebenes Bedürfnis nach Distanz, kann keine Nähe zulassen	Water Violet	PE/S94
Disziplin	Eiserne, sich selbst gegenüber	Vine	CB/S219
	Selbstdisziplin mit hohen Grundsätzen und strengen Prinzipien, geht oft bis zur Selbstaufgabe	Rock Water	ZE/S92, KC/S71
	Verlangt von anderen absolute D.	Vine	GU/S28
Dogmatismus	Bei sturen, engstirnigen Menschen	Vine	BN/S322
	Bei Vegetariern, Antialkoholikern, Homöopathen; religiöser Art,	Rock Water	SB/S196, KN/S41
Dominanz-bedürfnis	Rücksichtsloses, Herrschsucht, Intoleranz	Vine	BN/S190

Gemütszustand	Symptome	Bach-Blüte	Literatur
Drogen-mißbrauch	Bei Flucht in die Illusion	Clematis	BN/S323
	Für die Angst durchzudrehen oder etwas ganz Schlimmes zu tun, wie es beim Entzug oft vorkommt	Cherry Plum	FG/S271
	Nach langem	Rock Rose	ST/S114
	Psychische Schäden durch D.	Cherry Plum	CB/S32
	Um das Leben zu ertragen, um belastende Lebensbedingungen oder schreckliche Ereignisse zu verkraften	Star of Bethlehem	BN/S323, TB/S105
	Unterstützt die Entwicklung von Zielstrebigkeit und konsequentem Verhalten	Wild Oat	FG/S272
	Verhilft zum Durchbruch und nimmt die Angst vor einem Neubeginn	Walnut	FG/S272
	Wenn man immer wieder in die gleichen Verhaltensmuster fällt und aus Erfahrungen keine Komsequenzen ziehen kann	Chestnut Bud	FG/S271
	Zur Kompensation innerer Nöte	Agrimony	BN/S323
Druck	Starker innerer	Vine	SS/S190
Dunkelheit	Gefühl der D.; die dunkle Nacht der Seele	Sweet Chestnut	CB/S181
Dünndarm	Störungen aus Angst vor den eigenen negativen Emotionen	Cherry Plum	WS/S34
	Störungen wegen Erschöpfung durch zu große Informationsflut	Hornbeam	WS/S34
	Störungen wegen Haß- und Neidgefühlen	Holly	WS/S34

Gemütszustand	Symptome	Bach-Blüte	Literatur
Dünndarm	Störungen wegen innerem, unverarbeitetem Groll	Willow	WS/S34
Durchblutungs-störungen	in den Beinen	Vine	AK/S99
	in den Gliedmaßen	Clematis	TB/S69, ZE/S113
Durchdrehen	Hat Angst davor, durchzudrehen	Cherry Plum	GU/S28
	Kurz vor dem D. aufgrund unterdrückter Emotionen, Triebe	Cherry Plum	BN/S323
Durchfall	Bei körperlichen Krisensituationen	Rock Rose	WS/S35
	Mit Ängsten	Mimulus	WS/S35
	Mit Furcht	Aspen	WS/S35
	Mit Panikgefühlen	Cherry Plum	WS/S35
	Wegen eines Schockerlebnis	Star of Bethlehem	WS/S35
Durchhalte-kraft	Für Menschen, die ihr Leben als sinnlos ansehen und nichts mehr zu seiner Veränderung beitragen	Wild Rose	FG/S273
	Hat kaum Durchhaltevermögen, bringt selten eine Sache zu Ende	Agrimony	LA/S112
	Mangel an D. aus Pessimismus	Gentian	BN/S82
	Mangelnde D., kann keine Sache zu Ende bringen, weil schon wieder mit etwas anderem beschäftigt	Scleranthus	TB/S103
	Zu viel D.; sinnloser Zwang durchzuhalten	Oak	BN/S323

Gemütszustand	Symptome	Bach-Blüte	Literatur
Durchhalte-kraft	Zur Unterstützung bei der Rauchentwöhnung und Gewichtsabnahme	Walnut	TB/S111
Durchsetzung	Hilft, sich gegen dominante Einflüsse zu behaupten	Walnut	FG/S274
	Kann sich nicht durchsetzen; mit mangelndem Selbstvertrauen	Larch	FG/S274
	Nicht möglich, weil passiv, willensschwach, fremdbestimmt	Centaury	SB/S68, TB/S58
	D. eigener Erwartungen an die Kinder mit Erpressung	Chicory	SB/S90, KN/S95
	Unbedingete D. des eigenen Willens gelingt immer	Vine	SO/S174, SB/S221, KN/S33
	Vorsichtig und subtil	Chicory	GU/S28
Egoismus	Setzt seinen Willen mit leidenschaftlicher Ungehemmtheit ein, um sein Verlangen nach Genuß und Erfahrungen zu stillen	Vine	WG/S268
	Akzeptiert nur seine eigenen Ansichten, ist intolerant und überkritisch	Beech	FG/S275
	Egoistische, selbstmitleidige, sich selbst rechtfertigende Individuen	Willow	JB/S34
	Krankhafter E., mit Beleidigt-Sein, Selbstmitleid	Chicory	BN/S62
Egozentrik	Zu selbstgerecht, selbstüberzeugt	Vine	BN/S325
	Geltungsbedürftig, spricht laufend von sich	Heather	BN/S91
	Zu sehr mit der eigenen Vervollkommnung beschäftigt	Rock Water	BN/S325

Gemütszustand	Symptome	Bach-Blüte	Literatur
Ehrgeiz	Bei Eltern, die ihre Kinder in eine bestimmte Laufbahn drängen wollen	Chicory	ZE/S96
	Hinsichtlich der gesellschaftlichen Position	Heather	BN/S326
	Möchte etwas Besonderes leisten, weiß aber nicht, was	Wild Oat	SB/S246, KN/S35
	Nach Macht über andere	Vine	KB/S18
	Rücksichtsloser	Vine	SS/S191
	Unbezähmbar und krankmachend, kann nicht nach- oder aufgeben	Oak	BN/S326, ZE/S86
	Unkontrollierter, mit Leistungsdruck	Elm	BN/S77
	Will alles perfekt machen	Rock Water	GU/S29
Eifersucht	Auf das Leben anderer, hadert mit dem Schicksal	Willow	FB/S56
	Aufgrund übermäßigem Wunsch nach Zuwendung, häufig bei Kindern	Chicory	BN/S326
	Bei immer wiederkehrenden negativen, mißtrauischen Gedanken	White Chestnut	FP/S52
	Gefühl von E. ist sehr stark, mit Aggressivität nach außen	Holly	SO/S157, SB/S126, KN/S24, BN/S327
	Mit Verlustangst	Mimulus	FP/S52
Eigenbrötler	Mit enormem Freiheitsdrang, empfindlich gegen Bevormundungen aller Art	Chestnut Bud	KT/S130
Eigensinn	Bei Kindern	Vine	AF/S145

Gemütszustand	Symptome	Bach-Blüte	Literatur
Eigensinn	Fühlt sich immer im Recht	Vine	GU/S30
	Kann seine Prinzipien nicht aufgeben	Rock Water	GU/S30
Eigenwilligkeit	Körperlich oder geistig, stößt sich immer wieder an einer Tischkante oder beharrt auf einer Sichtweise	Chestnut Bud	TB/S63
Einbildungen	Ängstliche, durch Erkrankungen des Gehirns oder zu starkem emotionalen Streß	Aspen	BN/S327
Einfalt	Wirkt einfältig, schadet sich gegen besseres Wissen	Cerato	SB/S71, KN/S30
Einfühlungs-vermögen	Fehlendes, mit Kritiksucht	Beech	SB/S62
Einlassen	Kann sich nicht auf andere e.	Water Violet	SS/S199
Einsamkeit	Siehe Isolation		
Einsicht	Fehlende, lernt nicht aus seinen Erfahrungen und Fehlern	Chestnut Bud	KB/S21, KN/S58
Einzelgängerei	Aus Ungeduld, Eile	Impatiens	BN/S329
	Aus Verbitterung	Willow	BN/S329
	Mit Zurückhaltung, Unnahbarkeit, Kontaktstörung	Water Violet	BN/S200
	Zum Zweck der persönlichen Vervollkommnung	Rock Water	BN/S329
Eisenmangel	Generell	Wild Rose	TB/S119
Eitelkeit	Für übertrieben eitle Jugendliche	Heather	TB/S78
	Mit Geltungsdrang, Gefallsucht, aus überkompensiertem Minderwertigkeitsgefühl	Heather	BN/S91, LB/S69

Gemütszustand	Symptome	Bach-Blüte	Literatur
Ekel	Vor anderen, z.B. wegen Schuppen auf der Jacke	Crab Apple	SS/S105
	Vor fremden Toiletten	Crab Apple	SS/S105, KN/S43
	Vor Sexualität, Küssen	Crab Apple	TB/S71
	Vor sich selbst, bei Pickeln, Warzen, Schweißfüßen	Crab Apple	SB/S103, KN/S43
Ekzem	An den Händen	Water Violet	SO/S176
Eltern	Für berufstätige Eltern, die sich gegenüber den Kindern schuldig fühlen	Pine	TB/S95
	Für Eltern von chronisch kranken oder behinderten Kindern	Vine	TB/S96
	Für Eltern, die aus Überforderung Angst haben, ihre Selbstkontrolle zu verlieren	Cherry Plum	TK/S56
	Für Eltern, die ihre Kinder ständig beobachten und behüten	Red Chestnut	TB/S98
	Für Eltern, die sich für die Unvollkommenheit ihrer Kinder schämen	Crab Apple	TK/S56
	Für Eltern, um die nötige Geduld für Erziehung aufzubringen und gegen Gereiztheit	Impatiens	TK/S57
Emotionen	Immense, von Euphorie bis totaler Erschöpfung	Vervain	KT/S109
	Intensive, werden nicht verkraftet, Grenze der psychischen Belastbarkeit ist schnell erreicht	Star of Bethlehem	KT/S136

Gemütszustand	Symptome	Bach-Blüte	Literatur
Emotionen	Negative, Aggression, Reizbarkeit, Ärger, Wut, Rachsucht, Mißgunst	Holly	BN/S98
	Überschwenglich und schwer kontrollierbar, mit Hysterie, psychotischem Verhalten	Cherry Plum	BN/S52
Empfind-lichkeit	Empfindlich bei Streit	Agrimony	LB/S69
	Empfindlich gegen Kritik	Larch	LB/S69
	Für Stimmungen anderer und Dinge, die andere nicht wahrnehmen	Aspen	LA/S35
	Gegen äußere Einflüsse	Walnut	LB/S69
	Gegen Unordnung	Crab Apple	SB/S103
	Gegenüber Lärm, Geräuschen	Mimulus	GU/S31
	Mit Empfänglichkeit für alle Arten von Einflüssen, auch krankmachenden	Clematis	CB/S88
Energie	Keine, schwach, matt, müde, still, zaghaft	Centaury	BW/S84
Energieverlust	durch Wankelmut	Scleranthus	TB/S103
Enthusiasmus	Übertriebener, extremer	Vervain	KB/S23, KN/S63
Entscheidung	Große, wie Wechsel von Religion, Beruf, des Landes	Walnut	BW/S44
	Hin und her gerissen, sieht für und wider	Scleranthus	SS/S174, KN/S37
	Ist innerlich gefallen, aber etwas hält noch zurück, sie in die Tat umzusetzen	Walnut	SO/S175

Gemütszustand	Symptome	Bach-Blüte	Literatur
Entscheidung	Kann keine fällen, wegen fehlendem Konzept	Wild Oat	BN/S331
	Schwer, will aber eine E. alleine finden	Scleranthus	SO/S170, SB/S199
	Unsicherheit gegenüber der eigenen E., mit Mißtrauen in die eigene Intuition	Cerato	SB/S71, KN/S30
	Wagt keine zu treffen, wegen mangelndem Selbstvertrauen	Larch	BN/S331
	Wagt nicht gegen den Willen anderer zu entscheiden	Centaury	KN/S21
	Zum Ewachsenwerden; Verantwortung übernehmen ist überfällig	Heather	SS/S160
	Zwischen zwei Möglichkeiten hin und her gerissen	Scleranthus	SB/S202, KN/S37
Entschuldigung	Entschuldigen fällt schwer	Vine	LB/S70
	Für die eigenen Peiniger	Cerato	BW/S208
	Wird oft in Gesprächen gebraucht	Pine	SO/S166, SS/S160, SB/S176, KN/S27
Entspannung	Fehlende, kann von Sorgen nicht abschalten	Elm	KB/S24
	Fehlende, wegen Streß, extremem Eifer	Vervain	KB/S24, KN/S63
	Ist unmöglich, weil man immer viel leisten muß, um anerkannt zu werden	Crab Apple	CB/S150
	Kann nicht abschalten, selbst wenn er will	Cherry Plum	KT/S128

Gemütszustand	Symptome	Bach-Blüte	Literatur
Entspannung	Kann trotz großer Anspannung entspannen, wenn er will	Impatiens	KT/S128
	Kommt nach Streß mit großer Erschöpfung und Entgiftungssymptomen	Oak	BN/S138
	Wenn trotz aller Versuche keine E. möglich ist, weil man tief innerlich glaubt, Entspanntsein sei nicht erlaubt oder unproduktiv	Vervain	PM/S47
Enttäuschung	Auf Reaktionen anderer, weil ihm Liebe verweigert wurde	Holly	SS/S122, SB/S126
	Fürchtet sich vor einer neuen	Gentian	SS/S122, SB/S112, KN/S46
	Mit vorhergehendem Zweifel	Gentian	SS/S110, SB/S112, KN/S46
	Verbitterte Lebenshaltung aus E.	Willow	SB/S258, KN/S49, BN/S221
	Weil man mehr vom Leben erwartet hat	Willow	LB/S70
	Weil man viel getan hat und keinen Dank erhalten hat	Chicory	LB/S70
	Weil meist unausgesprochene Wünsche keine Erfüllung finden	Centaury	TB/S58
	Wird nicht gezeigt, verdrängt	Agrimony	BB/S47, KN/S73
	Wurde nicht verarbeitet, mit Schock, Kummer	Star of Bethlehem	KN/S125

Gemütszustand	Symptome	Bach-Blüte	Literatur
Entwicklungs-perioden	Von innerer Einsamkeit, Traurigkeit, bei Kindern, Jugendlichen	Agrimony	SB/S49
Entzündung	Bei chronischen Prozessen an den inneren Organen	Olive	EP/S85
	Bei Patienten mit chronisch-degenerativen Erkrankungen, die sich ihre Schmerzen nicht anmerken lassen wollen	Agrimony	EP/S85
	Entgiftet und hilft, schmerzhafte Erinnerungen zu verarbeiten	Crab Apple	EP/S85
	Hilft bei der sofortigen Aktivierung der Selbstheilungskräfte	Gorse	EP/S85
	Hilft beim Akzeptieren seines Zustandes, gibt mehr Lebensfreude	Wild Rose	EP/S85
	Normalisiert akute entzündliche Prozesse	Holly	EP/S85
	Hilfreich und unterstützend bei E. aller Art	Crab Apple	TB/S71
	Bei Neigung zu	Holly	SO/S157, KN/S25
	Fördert die Heilung von akuten Entzündungsprozessen mit Eiter	Crab Apple und Star of Bethlehem	DW/S49
Epilepsie	Gegen die Bewußtlosigkeit	Clematis	BN/S333
	Gegen die Panik	Rock Rose	BN/S333
	Gegen die psychische, körperliche Traumatisierung	Star of Bethlehem	BN/S333
	Gegen die Verkrampfung	Agrimony	BN/S333
	Gegen die Vorahnung (Aura)	Aspen	BN/S333
	Mit krampfhaften Anfällen	Cherry Plum	KT/S125

Gemütszustand	Symptome	Bach-Blüte	Literatur
Erbrechen	Als ein Akt der Aggression	Holly	KN/S25, PV/S30
	Nach heftigen Wutanfällen, bei Kindern	Cherry Plum	CB/S32
	Wird absichtlich herbeigeführt, wegen Unreinheit	Crab Apple	KN/S43
Erdung	Fehlende, träumerisch, nicht im Hier und Jetzt	Clematis	KB/S29, KN/S113
Erfahrung	Lernt nicht aus seiner E., weil er nicht einsehen kann, warum es nicht geht	Chestnut Bud	PM/S30, VR/S72
	Lernt nicht aus seiner E., weil er sie nicht annimmt, sondern darüber klagt	Willow	PM/S54
Erinnerung	Bei schwachen Kindheitserinnerungen	Honey-suckle	TB/S82
	Nicht-vergessen-können aufgrund eines seelischen oder körperlichen Traumas	Star of Bethlehem	BN/S173
	Wehmütige, mit nostalgischer Lebenshaltung	Honey-suckle	BN/S101
	Zu schlechte	Chestnut Bud	BN/S333
Ernst	Humorlosigkeit	Mustard	BN/S126
Erpressung	anderer, um sie zu manipulieren	Chicory	SB/S91, KN/S95
	Kann sich nicht dagegen wehren	Centaury	BN/S334
	Mittels Drohungen, Selbstmord, Weglaufen	Chicory	MR/S99
	Mittels Liebesentzug oder Zuwendung	Chicory	MR/S99

Gemütszustand	Symptome	Bach-Blüte	Literatur
Erregungs-zustände	Extreme, nervliche	Rock Rose	EB/S84
	Mit Raserei, Tobsuchtsanfälle	Holly	KT/S55
	Mit Ungeduld, Unruhe	Impatiens	EB/S81, KN/S85, BN/S334
	Starke, innerliche, mit qualvollem inneren Druck	Cherry Plum	BN/S334
	Werden unterdrückt und überspielt	Agrimony	BN/S334
Erröten	Bei deutlichem Erröten nach einem Schock	Rock Rose	TB/S99
	Bei Erröten aus Verlegenheit	Mimulus	SO/S162, SB/S156
	Bei Erröten wegen Minderwertigkeitsgefühl und Angst zu versagen	Larch	TB/S87
Erschöpfung	Auf seel. Ebene, lebt von Energien anderer	Heather	SS/S118
	Aus Hoffnungslosigkeit	Gorse	BN/S335
	Aus Resignation	Gorse	LB/S70
	Aus Überarbeitung mit großem Pflichtgefühl	Oak	SO/S164, SS/S 152, KN/S90
	Aus Überforderung, kann keine Aufgabe abgeben	Elm	SS/S109, SB/S106
	Beim Umsetzen seiner Vorstellung	Clematis	SS/S101
	Durch lang aufopfernde Krankenpflege	Olive	SB/S172

Gemütszustand	Symptome	Bach-Blüte	Literatur
Erschöpfung	Energetischer Offenbarungseid, alles ist zuviel	Olive	SB/S172, KN/S87
	Entschuldigt sich dafür	Pine	SO/S166, SB/S176, KN/S27
	Gibt aber nicht auf	Oak	SS/S150, SB/S166, KN/S90
	Körperliche und seelische, ausgelaugt, energetisch über lange Zeit zu sehr verausgabt	Olive	SO/S165, SS/S154, SB/S172, KN/S87
	Man fühlt sich von der täglichen Arbeit total erschöpft	Hornbeam	TB/S83
	Mentale, innerlich ausgelaugt	Hornbeam	SO/S159, SB/S138, KN/S66
	Nervöse, durch extremen oder fanatischen Lebensstil	Vervain	KB/S24
	Phase der E. bei starken Charakteren, vorübergehend	Elm	SB/S108, KN/S130
	Rasche E., mit Energiemangel, große Schwäche	Centaury	KT/S55
	Überfordert bis zur E., weil er ständig bemüht ist, andere zu bekehren	Vervain	KN/S63, LB/S70
	Völlige, vegetiert aphatisch vor sich hin	Wild Rose	SB/S252, KN/S51
Erwartung	anderer will man nicht enttäuschen	Oak	SS/S150
	Bei hohen Erwartungen an sich selbst	Pine	TB/S96

Gemütszustand	Symptome	Bach-Blüte	Literatur
Erwartung	Bei negativen Erwartungshaltungen	Red Chestnut	TB/S98
	Bei skeptischer Erwartungshaltung	Gentian	TB/S75
	der anderen wird gespürt und erfüllt	Centaury	SB/S68
	Sehr große E. der Eltern an ihre Kinder	Chicory	SB/S88, KN/S97
	Stark fixierte, negative	Wild Rose	SB/S250, KN/S51
Erziehung	Durch dominante, intolerante Eltern oder Erzieher mit aufgezwungenen Normen und moralischen Erwartungen	Crab Apple	BN/S75
	Elitäre, aufgrund besonderer gesellschaftlicher Stellung, Adel, Prominenz, Sekten	Water Violet	KT/S271
	In Klosterschule, Internat	Rock Water	KT/S273
	War sehr streng, ohne Freiraum	Scleranthus	KT/S272
Eßgelüste	Chaotische, versucht man durch eiserne Disziplin in den Griff zu bekommen	Rock Water	SO/S169
Eßstörung	Bei Appetitlosigkeit, aber auch bei Heißhunger	Gentian	TB/S75
	Bei Kindern, deren überbesorgte Angehörige ihren Spielraum einschränken	Red Chestnut	AF/S139
	Bei Kindern, weigern sich strikt, neue Speisen zu probieren	Rock Water	KS/S94
	Bei zu großer Strenge oder asketischer Einstellung	Rock Water	KB/S25

Gemütszustand	Symptome	Bach-Blüte	Literatur
Eßstörung	Neigung, zu schnell zu essen, Gefühl, das Essen ernähre oder befriedige nicht	Impatiens	KB/S25
Eßsucht	Verschafft sich vorübergehend Erleichterung, verdrängt seine Ängste, Sorgen	Agrimony	BN/S25
	Wenn man aus schlechten Erfahrungen keine Konsequenzen zieht und immer in das gleiche Fehlverhalten fällt	Chestnut Bud	FB/S56
Eßverhalten	Erpressung anderer durch sein	Chicory	TB/S66
	Für Kinder, die zuviel essen	Wild Oat	TB/S149
	Für schlechte Esser	Wild Rose	TB/S119
Existenz	Beim Gefühl, sich die Existenz verdienen zu müssen	Pine	SO/S166
Extravaganz	Große, um seine innere Leere auszufüllen	Wild Oat	PV/S39
Fanatismus	Begrenzt auf ein bestimmtes Gebiet, z.B. Ernährung oder Politik	Rock Water	CB/S201, TB/S102
	Bei Dogmatikern	Vine	BN/S336
	Bei geistiger Besessenheit	White Chestnut	BN/S336
	In Bezug auf Sauberkeit und Ordnung	Crab Apple	GU/S33
	In der eigenen Lebensführung	Rock Water	BN/S336
	Mit Begeisterung	Vervain	SS/S188, SB/S217, KN/S63
	Wenn man auf fanatische Art und Weise seinen Weg gehen will	Holly	TB/S80

Gemütszustand	Symptome	Bach-Blüte	Literatur
Fehleinschätzung	in bestimmten Situationen und damit verbundenem Streß	Elm	TB/S73
Fehlentwicklung	Im frühesten Kindesalter durch eine Reihe seelischer Schocks	Star of Bethlehem	EB/S84
Fehler	Lernt nicht aus seinen Fehlern, weil die Ursache auf keinen Fall bei ihm liegt	Willow	CB/S185
	Macht häufig Flüchtigkeitsfehler	Chestnut Bud	LB/S70
	Macht immer wieder die gleichen F., lernt nicht daraus	Chestnut Bud	SS/S93, SB/S81, KN/S58
	Nimmt die F. anderer auf sich, fühlt sich verantwortlich	Pine	BW/S72
Fehlgeburt	Bei Groll und Verbitterung nach einer	Willow	HB/S106
	Bei irrationalen Gedanken, wirren Selbstmordgedanken nach einer Fehlgeburt	Cherry Plum	HB/S106
	Bei Zorn, Haß, Eifersucht auf Mütter mit Kindern nach einer Fehlgeburt	Holly	HB/S107
	Gegen das zwanghafte Bedürfnis, immer und immer wieder darüber zu sprechen	Heather	HB/S107
	Gegen Verzweiflung, Herzschmerz, schwere Depression nach F.	Sweet Chestnut	HB/S106
	Generell	Wild Rose	SB/S251, CB/S106
	Nach F., zur Unterstützung bei der schwierigen Wiederanpassung an das Leben	Walnut	HB/S106

Gemütszustand	Symptome	Bach-Blüte	Literatur
Fehlvorstellung	Religiöse	Pine	SO/S166, SB/S177
Feigling	Aus mangelndem Selbstbewußtsein	Larch	LB/S70
	Fühlt sich tief innerlich als F.	Pine	SB/S178
	Geht allem Konflikt oder Streit aus dem Weg	Agrimony	BN/S24
Feindseligkeit	Tritt offen zutage	Holly	KB/S26
Festhalten	An Menschen, besitzergreifend	Chicory	LB/S70
	Bei zu starkem F. an Regeln, Ritualen und Prinzipien	Rock Water	TB/S102
	Festhalten an Altem	Honeysuckle	LB/S70
Festlegen	Will sich innerlich nicht, festlegen, deswegen unzufrieden	Wild Oat	SB/S247, KN/S35
Fieber	Bei Fieberdelirien	Sweet Chestnut	WS/S116
	Fieberkrampf aus Eifersucht, z.B. bei der Geburt eines neuen Geschwisterchens	Holly	AF/S129
	Für Kinder mit hohem Fieber	Cherry Plum	TB/S62
	Immer wieder Schübe und Fieberattacken, ohne daß sich ein Krankheitsbild zeigt	Holly	EP/S88
	Mit großer Unruhe, wirren Reden, unbeherrschten Lachanfällen, Ausgelassenheit	Impatiens	KT/S102
	Neigt zu Fieberschüben	Impatiens	MR/S198
	Wenn das Fieber in zu hoher Körpertemperatur auszuarten droht	Cherry Plum	EP/S88

Gemütszustand	Symptome	Bach-Blüte	Literatur
Fieber	Wenn das Fieber nicht weichen will, innerhalb einiger Tage immer wieder auftritt	Wild Oat	EB/S88
Finger-gelenke	schmerzen und sind steif, mit der Zeit so deformiert, daß man kaum mehr etwas greifen oder festhalten kann	Chicory	MR/S100
Flucht	Bei Schwierigkeiten, in unrealistische und illusionäre Vorstellungen	Clematis	SB/S97, KN/S113, CB/S87
	In Krankheit, aus Ermüdung, Überanstrengung	Hornbeam	TB/S82, ZE/S106
	In Krankheit, wegen Anteilnahme oder Beeinflussung	Chicory	SB/S91, KN/S96
	In vergangene Zeiten	Honeysuckle	SB/S133
	Vor allem, was die Harmonie stören könnte	Agrimony	LB/S70
	Vor dem Banalen, in extravagante Drogen oder zwanghaftes Meditieren	Water Violet	KT/S132
Fragen	Bei Kindern, die ständig und aus Langeweile fragen	Cerato	KB/S46, LB/S70
Frechheit	Bei Kindern, mit heftigen Zornesausbrüchen, schlagen auf Erwachsene ein	Vine	KS/S105
	Bei Kindern, mit hemmungslosem Spott und Hohn	Beech	KS/S42
	Kinder, die die Gespräche von Erwachsenen durch lautes Singen, Schreien oder Fragen stören	Heather	MR/S157
Freude	An nichts mehr; Lebensfreude fehlt total	Wild Rose	SO/S179, SB/S252, KN/S51

Gemütszustand	Symptome	Bach-Blüte	Literatur
Freude	Fehlende, weil man keinen Lebenssinn sieht	Wild Oat	GU/S34
	Keine, wegen Dogmatismus	Rock Water	SS/S170
Frühgeburt	Als Folge einer Frühgeburt fühlt man sich ständig gehetzt und gequält	Impatiens	KN/S87, KT/S265
	Bei mangelnder Lebenskraft, für apathische, schwache Kinder	Wild Rose	FG/S56
Frustration	Aus Mißgunst und Haß	Holly	LB/S70
	Da er, obwohl er seine Wünsche genau kennt, andere um Rat fragt und ihn befolgt	Cerato	CB/S215
	Durch sinnlose Tätigkeit, Ziellosigkeit	Wild Oat	BN/S210
	Frustiert aus Verbitterung	Willow	LB/S70
	Wegen der Langsamkeit anderer und des Lebens	Impatiens	KB/S27, LB/S70
Fügsamkeit	Um zu gefallen	Centaury	SB/S65, KN/S21
Furcht	F. davor, andere könnten mehr Liebe und Aufmerksamkeit erhalten	Holly	KB/S28
	Den Verstand zu verlieren oder schreckliche Dinge zu tun	Cherry Plum	BW/S63
	Die Selbstkontrolle zu verlieren; vor Geisteskrankheiten	Cherry Plum	KB/S28, KN/S82
	Hintergangen zu werden	Holly	SB/S129
	Übertriebene, vor Bakterien, Insekten, Schmutz u.ä.	Crab Apple	SO/S152, KN/S43
	Vor dem täglichen Leben; mit Schüchternheit	Mimulus	KB/S28

Gemütszustand	Symptome	Bach-Blüte	Literatur
Furcht	Vor dem Urteil anderer, mit Mangel an Vertrauen in die eigenen Fähigkeiten	Larch	KB/S28
	Vor Dunkelheit	Aspen	ZE/S28
	Vor ungewollten Situationen	Larch	TB/S87
Gallen-beschwerden	Gallenkoliken als Folge von unterdrückten Wünschen und Gefühlen oder geschlucktem Frust	Rock Water	KT/S84
Gallensteine	Cholerischer Typ, mit Zorn	Pine	CB/S172
Gebärmutter-operation	siehe Hysterektomie		
Geburt	Außergewöhnlich schwere G.	Wild Rose	SO/S179
	Bei Gefahr des Abortes	Water Violet, Olive, Gentian oder Elm	TB/S145
	Bei Kaiserschnitt oder Frühgeburt; für Mutter und Säugling	Rescue R., Olive oder Wild Rose	TB/S145
	Bei schwieriger Geburt mit hohem Kräfteaufwand	Olive	TB/S95
	Bei Todgeburt oder Fehlgeburt	Rescue Remedy und Wild Rose	TB/S144
	Bei Verkrampfung und Schmerzen während der Geburt	Agrimony	TB/S144
	Bei Wehenschwäche während der Geburt	Gentian, Olive, Walnut, Wild Rose	TB/S144
	Fördert nach einer schwierigen Geburt den Lebenswillen des Kindes	Gentian	AK/S59

Gemütszustand	Symptome	Bach-Blüte	Literatur
Geburt	Fördert während der Geburt die Öffnung des Muttermundes und unterstützt die Preßwehen	Walnut	AK/S101
	Gegen die Folgen eines Geburtstraumas	Impatiens	TB/S85
	Komplikationen während der Geburt, z.B. Nabelschnur um den Hals	Rock Rose	KN/S79
	Längst über Termin, bei Kindern, die übertragen werden	Clematis	KT/S266
	Nach rasch aufeinander-folgenden Geburten	Olive	TB/S94
	Panik und Todesangst während der Geburt	Rock Rose	KN/S80
	Seelisches Trauma vor, während oder nach der Geburt	Star of Bethlehem	KN/S127
	Vor der Geburt erlebte die Mutter eine lebensbedrohliche Situation in der Schwangerschaft	Crab Apple	CB/S150
	Während und nach der Geburt, um die Strapazen zu überstehen	Olive	BF/S48
	Wurde künstlich verzögert, z. B. wegen Kaiserschnitt	Vervain	KT/S265
Gedächtnis	Bei Gedächtnisschwund	Chestnut Bud	KT/S134
	Schlechtes, aus Desinteresse	Clematis	SB/S97, KN/S113, ST/S65
Gedanken	An Selbstmord	Cherry Plum	SB/S77, KN/S83
	Gefühl, sich von unreinen Gedanken reinwaschen zu müssen	Crab Apple	SB/S103, KN/S43

Gemütszustand	Symptome	Bach-Blüte	Literatur
Gedanken	Gewalttätige, ertappt sich dabei	Cherry Plum	SB/S75, KN/S82
	Irrationale, fühlt sich bedroht, Grenze zum Krankhaftem ist verschwommen	Vine	CB/S212
	Kommen immer wieder auf vergangene unangenehme Erlebnisse zurück	Star of Bethlehem	KT/S136, TB/S105
	Mit den Gedanken immer woanders	Clematis	SB/S96
	Negative Gedanken über sich selbst	Larch	LB/S70
	Negative, aus Verbitterung, giftige und hämische Gedanken	Willow	SS/S215, SB/S259
	Quälende, werden hinter Fassade von Sorglosigkeit verborgen	Agrimony	ST/S26
	Sind häufig plötzlich weg, weiß nicht mehr, was er tun oder sagen wollte	Chestnut Bud	KN/S57
	Sind in der Vergangenheit, erwartet nichts Positives in Gegenwart oder Zukunft	Honeysuckle	SB/S134, KN/S101
	Sprunghafte Gedanken	Scleranthus	LB/S70
	Treiben ihn unaufhörlich, nehmen ihm viel Kraft	Heather	CB/S112
	Unbewußt kreisende, unerwünschte drängen sich unaufhörlich ins Bewußtsein	White Chestnut	SS/S204, SB/S241, KN/S68
	Viele ungute, neidische und aggressive Gedanken	Crab Apple	CB/S151
	Wenn bestimmte Gedanken immer wiederkehren und man sie nicht abschalten kann	Impatiens	TB/S85

Gemütszustand	Symptome	Bach-Blüte	Literatur
Geduld	Fehlende Geduld	Impatiens	SS/S134, SB/S144, KN/S85
	Große, fast übermenschliche Geduld	Oak	SB/S167
Gefäßsystem	Degenerationen und Verkalkungen im Gefäßsystem	Rock Water	BN/S165
Gefühl	Beim Gefühl, den Verstand zu verlieren; von Gott getrennt zu sein; bei dem Gefühl der Einsamkeit	Sweet Chestnut	TB/S107
	Beim Gefühl, isoliert zu sein	Water Violet	TB/S113
	Beim Gefühl, zu schweben	Clematis	IM/S60
	Gegen das Gefühl, einer fremden Macht hilflos ausgeliefert zu sein	Wild Rose	TB/S119
	Man fühlt sich eingesperrt, ausweglos gefangen	Mustard	MR/S313
	Man hat das Gefühl, aus der Haut fahren zu wollen	Cherry Plum	IM/S48
	Angst vor Gefühlen und vor Liebe	Cerato	TB/S61
	Beim Haften an negativen Gefühlen und Erwartungen	Gorse	PE/S160
	Heftige und aggressive Gefühlsausbrüche gegen andere	Holly	KC/S76
	Kann keine Gefühle zeigen, weder Freude noch Schmerz	Agrimony	MR/S37
	Schützt sich vor Gefühlsverletzungen mit einer Haltung von Überlegenheit und Unnahbarkeit	Water Violet	GW/S132

Gemütszustand	Symptome	Bach-Blüte	Literatur
Gefühl	Tyrannei und Terror mit G. , durch Erpressung; Selbstmitleid	Chicory	BN/S64
	Überschwengliche oder schwer kontrollierbare, seelischer und emotionaler Überdruck	Cherry Plum	BN/S52, AK/S47
	Verkneift sich Gefühlsäusserungen, weil er sie als Ausdruck von Schwäche empfindet	Oak	AK/S79
Gefühllosigkeit	Körperlich	Star of Bethlehem	SO/S171, GW/S122
Gefühlsarmut	Im Elternhaus, als Kind gefühlsmäßig unterernährt	Heather	ST/S80
Gefühlskälte	Durch Resignation, kein Interesse mehr am Leben	Wild Rose	BN/S344
	Durch Selbstverneinung, mit übertriebener Selbstdisziplin	Rock Water	BN/S344
	Durch sture Verbohrtheit	Oak	BN/S344
	Kann kein Verständnis, Zuneigung oder Liebe für andere entwickeln	Water Violet	KN/S54, BN/S200
	Durch psychisches Trauma, erschütterndes Erlebnis	Star of Bethlehem	BN/S344, KC/S76
Gehässig	Aus Eifersucht, Neid oder Haß	Holly	LB/S70
Gehirn	Bei Folgen von Gehirnerschütterung und Gehirnquetschung	Star of Bethlehem	KN/S125
Gehorsam	Fordert absoluten G. von anderen	Vine	CB/S219
	Hält sich nicht an Abmachungen	Scleranthus	LB/S70
	Kann nicht gehorchen	Vine	LB/S70
Gekränkt	Man ist leicht gekränkt, verärgert	Holly	MR/S168

Gemütszustand	Symptome	Bach-Blüte	Literatur
Gelähmt	Durch eine Notsituation Gefühl vor Entsetzen wie gelähmt zu sein	Rock Rose	ZE/S30
	Fühlt sich bei einem Wettkampf wie gelähmt vor dem Gegner	Elm	TB/S73
Gelangweilt	Fühlt sich chronisch gelangweilt, gleichgültig, leer	Wild Rose	SB/S252, KN/S51
Gelassenheit	Fehlende, durch bestimmte Angst	Mimulus	LB/S71
	Fehlende, durch Fanatismus	Vervain	LB/S71
	Fehlende, durch Starrsinn	Rock Water	LB/S71
	Fehlende, durch Stimmungsschwankungen	Scleranthus	LB/S71
	Fehlende, durch Übereifer	Beech	LB/S71
	Fehlende, durch Ungeduld	Impatiens	SS/S135, KN/S85
Gelenkschädigungen	Durch extremes sportliches Training	Rock Water	AF/S141
Gelenkserkrankung	Bei degenerativer	Vine	TB/S110
Gelenksteifheit	Bei, rheumatischen Schmerzen	Rock Water	TB/S102
Gelenkversteifung	Generell	Oak	TB/S93
	Neigt zu G., durch krankhaftes Festhalten an erstarrten Vorstellungen	Rock Water	SO/S169, KN/S41
Geltungsbedürfnis	Besitzergreifende Persönlichkeit	Chicory	LB/S71

Gemütszustand	Symptome	Bach-Blüte	Literatur
Geltungs-bedürfnis	Mit Angeberei, Geschwätzigkeit	Heather	BN/S91
Gemeinschaft	Meidet Gemeinschaft mit anderen	Water Violet	SS/S200, SB/S232, KN/S54
Genervtheit	Mit abwertender Kritik, findet jedes Haar in der Suppe	Beech	SS/S74, KN/S60
Gereiztheit	Gereizt und überkritisch	Beech	LB/S71, ZE/S100
	Gereizt, weil alles zu langsam geht	Impatiens	LB/S71
	Innere	Vervain	SS/S186, SB/S217
	Leicht gereizt durch gefühlsmäßige Irritationen	Holly	LB/S71
	Wegen übervollem Kopf	White Chestnut	SS/S202
Getriebensein	Inneres G., kann Tag und Nacht mental nicht zur Ruhe kommen	White Chestnut	CB/S102
Geschenke	Wenn man keine annehmen kann und meint, man hätte sie nicht verdient	Pine	SO/S166, SS/S158, TB/S95
Geschwätzig-keit	Aus Unsicherheit, erzählt allen seine Probleme und will gute Ratschläge	Cerato	BN/S346
	Missionarische G. mit dem Drang, überall die eigenen Erkenntnisse und Überzeugungen zu verbreiten	Vervain	BN/S346
	Mit Geltungsdrang, unnormalem Geselligkeitsbedürfnis	Heather	BN/S91

Gemütszustand	Symptome	Bach-Blüte	Literatur
Geschwätzigkeit	Psychotisch, muß seinem starken Emotionsdruck oft in etwas verwirrter Form Luft machen	Cherry Plum	BN/S346
	Redet dauernd	Agrimony	LB/S71
	Redet schnell und ohne Unterbrechung, schlechte Zuhörer	Chicory	BW/S209
Geschwüre	Aller Art	Holly	WS/S85
Gestik	Von anderen wird unbewußt übernommen	Centaury	SB/S68
	Zerfahren oder ruckartig im Gespräch	Scleranthus	SO/S170, SB/S202, KN/S37
Gewalttätigkeit	Als Ausdruck unterdrückter Wut, bei Kindern gegenüber Tieren oder anderen Kindern	Holly	BN/S97, DW/S151
	Bei Kindern, die schlagen, um ihren Willen durchzusetzen	Vine	DW/S151
	Bei unerwarteten Wutanfällen mit Kratzen, Beißen und um sich schlagenden Kindern	Cherry Plum	KB/S49
	Gegen sadistische oder masochistische Züge, auch bei Kindern untereinander	Vine	TB/S110
	und unverständliche Zerstörungswut, völlig irrational (bei Kindern)	Aspen	KS/S40
Gewissen	Bekommt ein schlechtes, wenn er sich eine Freude gönnt	Pine	CB/S171
	Schlechtes, beim Einfordern berechtigter Anliegen	Pine	SS/S158, SB/S177, KN/S27
	Schlechtes, bekommt es schnell	Pine	SO/S166, SB/S178

Gemütszustand	Symptome	Bach-Blüte	Literatur
Gewissen	Schlechtes, wenn man jemandem einen Wunsch abschlägt	Centaury	CB/S131
	Setzt sich ohne schlechtes G. über Wünsche anderer hinweg	Vine	SS/S190, SB/S223, KN/S33
Gewissenhaftigkeit	Schlägt in Zwanghaftigkeit um	Pine	CB/S171
	Stellt sehr hohe Ansprüche an sich	Rock Water	GU/S35
Gewohnheiten	Lästige, ändern sich nicht	Chestnut Bud	SS/S93, KN/S57
	Schlechte, aus Labilität	Walnut	BN/S195
Gicht	Als Ausdruck geistiger Steifheit und Arroganz	Water Violet	BH/S152
	Wegen seelischer Verletzung, sauer, Wut und Aggressionen richten sich nach innen	Star of Bethlehem	CB/S178
	Wegen eines extremen Willens immer große innere und körperliche Anspannung	Vine	CB/S212, WS/S120
Giftstoffe	Nach längerem beruflichen Umgang mit Giftstoffen, im OP, in der chemischen Industrie, in der Landwirtschaft	Crab Apple	AK/S55
Glauben	Wenn der Patient nicht recht an seine Heilung glaubt wegen Schwächung des Selbstwertgefühls	Larch	ZE/S108
	Wenn man aus Verzweiflung jeglichen Glauben verloren hat, völlig am Ende ist	Sweet Chestnut	BN/S347
	Wenn man nicht mehr an ein gutes Ende glauben kann	Gentian	BN/S347

Gemütszustand	Symptome	Bach-Blüte	Literatur
Glauben	Wenn man überhaubt keine Hoffnung mehr hat	Gorse	BN/S347
Glaubenssätze	Alte G. passen nicht mehr wegen neuer Umstände	Larch	SS/S139
	Wurden von den Eltern eingeimpft, „Du kannst das nicht" wird zu „Das schaffe ich nie"	Larch	KN/S122
Gleichgewicht	Für Kinder, die zwischen ihren Eltern hin- und herpendeln, weil sie zeitweise oder ganz getrennt leben	Scleranthus	AK/S91
	Inneres G. wird schnell durch Außenreize verloren	Scleranthus	SO/S170
	Störungen, Schwindel	Scleranthus	SO/S170, SB/S202
	Wenn man gleichzeitig in verschiedenen Sprachen denken und sprechen muß	Scleranthus	AK/S91
Gleichgültigkeit	Aus Resignation, glaubt nicht, daß er etwas ändern könnte	Wild Rose	BH/S137, ZE/S52
	Bei Gleichgültigkeit bis hin zur Depression	Mustard	TB/S91, LB/S71
	Gegenüber Problemen anderer	Heather	GU/S36
	Gleichgültig aus Hoffnungslosigkeit	Gorse	LB/S71
	Gleichgültig aus Verbitterung	Willow	LB/S71
	Kein Interesse am Leben, Stumpfheit, Schläfrigkeit	Clematis	BH/S131, LB/S71
Grauen	Nicht faßbares	Aspen	SS/S70
Grausamkeit	Grausam durch Haß	Holly	LB/S71

Gemütszustand	Symptome	Bach-Blüte	Literatur
Grausamkeit	Grausam zu sich und anderen wegen Prinzipienreiterei	Rock Water	IM/S132
	Grausamer Mensch, weil bei ihm Kopf vor Herz geht, unterdrückt andere und beutet sie aus	Vine	SB/S222, CB/S212, IM/S152
	Neigung zu Grausamkeit, bei Kindern	Vine	SO/S174
Groll	Innerer G. mit Wut, explodiert aber nicht	Willow	SS/S214, SB/S259, KN/S49
	Mit Verbitterung	Willow	LB/S71
Größenwahn	Tendenz zum	Vine	TB/S110
Gutgläubigkeit	Mit Persönlichkeitsschwäche	Walnut	BN/S195
Gutmütigkeit	Kann nicht nein sagen	Centaury	SO/S146, KN/S21
	Übertriebene, krankhafte	Centaury	BN/S40, LB/S71, VR/S84
Haarausfall	Bei Haarausfall nach traumatischen Ereignissen	Rock Rose	TB/S100, MR/S276
	Bei plötzlichem Haarausfall	Olive	TB/S94
	Plötzlicher, oft kreisrund (Alopecia areata)	Olive	MR/S245
Hals	Bei Hals- und Kehlkopfbeschwerden	Vervain	WS/S118
	Bei Halsentzündungen	Heather	WS/S84
	Kloßgefühl im Hals, durch Schock, Ärger	Star of Bethlehem	EB/S78

Gemütszustand	Symptome	Bach-Blüte	Literatur
Hals	Spannungsgefühle, nervöse Schluckbeschwerden wegen Schock	Star of Bethlehem	SB/S207, KN/S129
Halswirbelsäule	Schmerzen in der	Water Violet	KN/S54
Halswirbelsäulentraumata	Folgen von	Star of Bethlehem	KN/S125, ZE/S91
Haltung	Für die moralische Wiederaufrichtung	Larch	TB/S87
	Gebückte, als trage er auf Schultern und Rücken eine Last, als Ausdruck von Unterwürfigkeit	Centaury	JB/S33
	Krumme, nicht aufrecht, wegen Minderwertigkeitsgefühl	Larch	BN/S118
	Schultern nach vorne gezogen, als ob er sich vor unsichtbaren Schlägen schütze	Crab Apple	CB/S150
	Tendenz, sich klein zu machen	Cerato	GW/S74
Harmoniesucht	Mit Verdrängung, Schönfärberei	Agrimony	SS/S67, SB/S47, KN/S73
	Möchte anderen nicht wehtun	Centaury	GU/S36
Harn	Harnverhaltung und vergeblicher Drang	Oak	KT/S76
Härte	Gegen andere, durch Wut, Neid, Rachsucht	Holly	BN/S349
	Gegen andere, intolerante Dogmatiker und Haustyrannen	Vine	BN/S349
	Harter Kritiker, der überall den Fehler entdeckt, hilft bei Intoleranz	Beech	FG/S322
	In den Gesichtszügen	Rock Water	SO/S169

Gemütszustand	Symptome	Bach-Blüte	Literatur
Härte	Zu sich selbst, aus Leistungszwang und Ehrgeiz	Oak	BN/S348
	Zu sich selbst, mit Selbstvorwürfen, Selbstverurteilung	Pine	KB/S32, KN/S27
	Zu sich selbst, mit Strenge	Rock Water	SO/S169, SS/S170, KN/S40
Hartnäckigkeit	Weil er sich im Denken verhärtet, verhärten sich auch seine Nackenmuskeln	Rock Water	CB/S203
	Wenn sie jemand von etwas überzeugen wollen	Vervain	CB/S207
Haß	Aus verletzten Gefühlen	Holly	SB/S126, KN/S24
	Bei Rivalität unter Geschwistern	Holly	KB/S33
	Gegen andere mit Groll, Tadel	Willow	KB/S33, KN/S49
	Gegen sich selbst, mit Zwangsvorstellungen wegen Unreinheit	Crab Apple	KB/S32, KN/S43
	Haß von außen mußte ertragen werden	Beech	SB/S60
Häßlich	Bei dem Gefühl, man sei häßlich	Crab Apple	TB/S71
Haustyrann	Mit Bevormundung, Herrschsucht, Rechthaberei, Pedanterie	Vine	BN/S190
Haut	Ausschläge, schnell auftretende, nervöse, mit Juckreiz	Impatiens	SO/S160, SB/S145, KN/S86
	Bei Abgrenzungsreaktionen über die Haut, Ekzeme	Water Violet	TB/S113
	Bei Hauterkrankungen, die stark schuppen, wie Psoriasis, Neurodermitis	Crab Apple	AK/S55

Gemütszustand	Symptome	Bach-Blüte	Literatur
Haut	Bei Hautpilz	Impatiens	TB/S85
	Bei Schuppenflechte	Crab Apple	WS/S76
	Bei trockener und runzeliger Haut	Olive	BW/S86
	Ekel vor Ausschlag	Crab Apple	SO/S152, KN/S43
	Entzündliche, feuerrote, brennende oder juckende Ausschläge	Holly	KN/S25
	Entzündliche, vor allem allergische Hautrötungen	Impatiens	KT/S100
	Glaubt, er habe eine zu dünne H., ihm gehe alles unter die H.	Beech	CB/S191
	Hauterkrankungen mit unstillbarem Juckreiz, die einen ganz verrückt machen	Cherry Plum	AF/S121
	Hautirritationen, die plötzlich kommen und gehen, je nach dem mehr oder weniger ausgeglichenen Zustand der Nerven	Scleranthus	MR/S296
	Hautjucken und Nesselfieber	Pine	CB/S172
	Irritationen, nervöse	Agrimony	SB/S50
	Schuppige, der aufgebaute Schutzpanzer hält die Umgebung auf Distanz	Water Violet	KT/S101
	Unreinheiten	Crab Apple	SB/S102, KN/S43
	Warzen, Ekzeme, Hautflecken, Juckreiz	Scleranthus	MR/S296
Heilungsprozeß	Bei stagnierendem Heilungsprozeß	Olive	TB/S77
	Geht überhaupt nicht voran	Gorse	MR/S146

Gemütszustand	Symptome	Bach-Blüte	Literatur
Heilungs-prozeß	Rückschläge im H. nach anfänglicher Besserung	Gentian	BN/S83
Heimweh	Bei Kindern im Kinderheim, wenn man in fremden Ländern arbeitet	Honeysuckle	SO/S158, SB/S132
	Leidet häufig unter	Honeysuckle	KN/S101
Heißhunger-anfälle	Deuten an, daß Batterien nahezu erschöpft sind	Impatiens	SO/S160, KT/S72
	Im Wechsel mit Appetitlosigkeit	Scleranthus	SB/S202, KN/S37
Hektik	Reagiert hektisch durch Angst	Aspen, Mimulus	GU/S37
	Reagiert hektisch durch Ungeduld	Impatiens	GU/S37
	Um nichts zu verpassen	Scleranthus	GU/S37
Helfersyndrom	Aus Suche nach Anerkennung	Centaury	SB/S65, KN/S21
	Ehrenamtliches Betreuen von Behinderten, Gefangenen; Beruf in sozialen Institutionen	Gorse	SS/S116
	Gibt, um zu bekommen	Chicory	SS/S94, SB/S87
	Hilsbereit und gutmütig, wird ausgenutzt	Centaury	SB/S65, KN/S21
	Sorgt und ängstigt sich um andere, möchte ihnen schlimme Erfahrungen ersparen und sie beschützen	Red Chestnut	FG/S325
Hemmung	Aus Kontaktschwäche	Water Violet	BN/S353
	Hat große Hemmungen, mit Angst, sich zu blamieren	Larch	KN/S119

Gemütszustand	Symptome	Bach-Blüte	Literatur
Hemmung	Kann anderen nicht frei gegenübertreten	Mimulus	LB/S70
	Überspielt seine Hemmung, mit Hang zur Verdrängung und Anfälligkeit für Alkohol oder Drogen	Agrimony	BN/S23
	Wenn man sich zu Telefongesprächen mit unbekannten Personen sehr überwinden muß	Larch	TB/S87
Herausforderung	Stellt sich jeder, unermüdlicher Kämpfer	Oak	FG/S325
	Sucht immer neue, läßt sich auf keine ein	Wild Oat	SS/S209, SB/S244
	Wird nicht angenommen	Larch	SS/S140
Herrschsucht	Bei allgemeiner	Vine	TB/S110
	Übermäßig fordernde Haltung, oft gegenüber den eigenen Kindern	Chicory	SB/S90, LB/S72
Herz	Bei Herzklopfen nervöser Art	Elm	TB/S73
	Gebrochenes	Sweet Chestnut	WS/S38
	Ist verhärtet	Holly	ST/S82
Herzbeschwerden	Bei allen Formen von Herzstichen, Herzkrämpfen und Herzschmerzen	Holly	TB/S80
	Bei Herzrasen mit Atemnot	Rock Rose	TB/S100
	Bei schweren Herzproblemen	Sweet Chestmut	WS/S116
	Funktionelle, wegen sehr lange zurückliegendem Trauma	Star of Bethlehem	KN/S129

Gemütszustand	Symptome	Bach-Blüte	Literatur
Herz-beschwerden	Leidet häufig unter H., mit Sehnsucht nach der Vergangenheit	Honeysuckle	KN/S102
	Mit innerer Reserviertheit	Water Violet	WS/S38
	Mit panikartigen Ängsten	Rock Rose	WS/S38
	Nervöse H., Herzrasen, Brustmuskelverspannung, mit einem Gefühl der Hilflosigkeit	Heather	CB/S112
	Undefinierbare Angst in der Brust	Aspen	BN/S353
	Wegen unberechenbaren Gefühlen	Cherry Plum	WS/S38
Herzinfarkt	Akut	Rescue Remedy	BM/S198
	Bei	Rock Rose	TB/S100
	Nach	Sweet Chestnut	WS/S116
Herzinsuffienz	Aus Erschöpfung	Olive	BN/S140
Herzlichkeit	Jegliches Fehlen von H. wegen zu starker Selbstkontrolle	Rock Water	MR/S287
Herzrhyth-musstörung	Durch chronische Entzündungen verursacht	Crab Apple	BN/S354
	Aus Kraftlosigkeit	Olive	BN/S354
	Zur Normalisierung	Scleranthus	BN/S354
Heuchelei	Mit Schauspielerei, verdrängt alles Unangenehme	Agrimony	BN/S24
	Versuch, eine intolerante Haltung durch übertrieben nachsichtige Haltung zu kaschieren	Beech	ZE/S101
Hexenschuß	Mit heftigem Schmerz	Agrimony	ZE/S117

Gemütszustand	Symptome	Bach-Blüte	Literatur
Hilfe	Bittet andere nicht um Hilfe, versucht, allein zurechtzukommen	Water Violet	SO/S176
	Drängt anderen seine Hilfe auf, um sie zu Dankbarkeit zu verpflichten	Chicory	CB/S197
	Erwartet Hilfe von außen, wenn es ihm schlecht geht, spricht aber nicht über sein Leid oder seine Ursachen	Olive	TB/S75
	Ist jederzeit bereit, anderen zu helfen	Oak	CB/S167
	Ist zu stolz, um Schwäche zu zeigen und andere um Hilfe zu bitten	Oak	LA/S115
	Kann anderen keine Bitte abschlagen	Centaury	GU/S37
	Kann keine H. annehmen, dies läßt sein Stolz nicht zu	Water Violet	KT/S129
	Nimmt Hilfe von anderen an, ohne selbst zur Hilfe bereit zu sein	Willow	MR/S409
	Weist Hilfe stets zurück, weil er glaubt, er hätte sie nicht verdient	Pine	MR/S255
Hilflosigkeit	Durch Unselbständigkeit	Cerato	LB/S72
	Gefühl der H. in einer bedrohlichen Situation	Rock Rose	KT/S120
	Weil man sich nicht durchsetzen kann	Centaury	LB/S72
Hinterhältigkeit	Mit emotionaler Erpressung, um Druck auszuüben	Chicory	PM/S31
	Neigung, über andere schlecht zu reden	Beech	IM/S36

Gemütszustand	Symptome	Bach-Blüte	Literatur
Hitzschlag	Generell	Rock Rose	MR/S277
Hochmut	Geistiger, erkennt und kritisiert sofort die Fehler von anderen	Beech	MR/S51
	Geistiger H., glaubt, er wisse alles besser	Rock Water	SB/S193
	Hochmütig, um zu dominieren	Vine	LB/S72
Hochspannung	Innere, mit Gefahr von Kurzschlußhandlungen, Psychosen	Cherry Plum	BN/S354
Hoffnungs-losigkeit	Siehe Resignation		
Hormone	Bei hormonellen Störungen	Elm	TB/S73
	Bei hormoneller Umstellung, mit melancholischen Anwandlungen	Gentian	TB/S75
	Bei Schwermut während einer Hormonumstellung	Mustard	TB/S91
	Durch Hormonumstellung ausgelöste Traurigkeit, z.B. Wochenbettdepression	Mustard	MR/S226
	Für die hormonelle Umstellung nach der Geburt und zügige Rückbildung der Gebärmutter	Walnut	AK/S101
	Hilft, die hormonelle Umstellung besser zu verkraften	Walnut	BN/S362
Hörstörungen	Bei Hörschäden bis hin zur Taubheit	Heather	TB/S78
	Wegen fehlendem inneren Gleichgewicht	Scleranthus	SO/S170, GW/S120
	Wegen mangelndem Interesse an der Außenwelt	Clematis	KN/S116
Hörsturz	Generell	Oak	WS/S100

Gemütszustand	Symptome	Bach-Blüte	Literatur
Humor	Gruppenclown, zwanghaft lustig, um innere Sorgen zu überspielen	Agrimony	FG/S327
Humorlosigkeit	Aus Beleidigtsein	Willow	BN/S356, GB/S264
	Aus Überempfindlichkeit, Wehleidigkeit	Chicory	BN/S356
	Bei absoluter H. und zwanghaftem Denken	Vine	TB/S110
	Bei Tendenz, sich das Leben schwer zu machen	Rock Water	BN/S356
	Mit kleinkarierter Rechthaberei	Vine	BN/S190
	Mit Trübsinnigkeit	Mustard	BN/S356
Husten	Aus Aggressivität, dem huste ich etwas	Holly	KN/S25
	Bei chronischem Husten mit Entmutigung	Gentian	BN/S380
	Bei chronischem Husten, macht innerlich sicherer und stärker	Walnut	BN/S380
	Bei chronischem Husten, wegen unverarbeitetem Trauma	Star of Bethlehem	BN/S380
	Bei Krupp-Husten mit Atemnotzuständen, bringt innere Verkrampfungszustände zum Ausdruck	Cherry Plum	AF/S121
	Bei Krupp-Husten, für die aufkommende Angst und Panik	Rock Rose	AF/S140
	Bei nervösem Reizhusten	Heather	EP/S101
	Fördert den Auswurf bei Husten	Crab Apple	EP/S101
	Gleicht Hustenattacken sowie trockenen Reizhusten aus	Holly	EP/S101

Gemütszustand	Symptome	Bach-Blüte	Literatur
Hygiene	Zwanghafte	Crab Apple	SS/S104, SB/S102, KN/S43
Hyperaktivität	Bei Hyperaktivität, auch von Kindern	Vervain	TB/S108, HK/S110
	Für außerordentlich fordernde Kinder, die aggressiv und kraftvoll sind	Vine	HK/S110
	Für die hohe Geschwindigkeit, mit der sich solche Kinder bewegen	Impatiens	HK/S110
	Gibt mehr Sitzfleisch und Konzentration für hyperaktive Kinder	Scleranthus	AK/S91
	Mit bösartigem, haßerfülltem oder eifersüchtigem Verhalten bei Kindern	Holly	HK/S110
	Mit hysterischem Verhalten und Kontrollverlust	Cherry Plum	HK/S110
Hyperkinese	Bei Kindern	Impatiens	SO/S160
Hypersensibel	Aus Angst vor Schmutz	Crab Apple	LB/S72
	Aus Eifersucht, Haß oder Neid	Holly	LB/S72
	Aus Furcht vor Unheil	Aspen	LB/S72
	Hört das Gras wachsen	Aspen	GU/S38
	Reagiert allergisch auf Lärm, grelles Licht, Gerüche, Nahrungsmittel und Menschenmengen	Mimulus	ZE/S26
Hypochonder	Gesprächig oder introvertiert	Heather	SO/S156, KN/S108
	Will durch seine Krankheit und Bedürftigkeit andere an sich binden	Chicory	TB/S66

Gemütszustand	Symptome	Bach-Blüte	Literatur
Hysterektomie	Bei Schuldgefühlen, glauben ihre Rolle als Frau nicht mehr ganz erfüllen zu können	Pine	HB/S171
	Entfernung des Uterus, für Frauen, die sich danach unvollständig fühlen und sich selbst hassen	Crab Apple	HB/S171
Hysterie	Bei psychisch labilen Menschen	Rock Rose	LA/S81, ZE/S31
	Mit Anfällen, wegen Konflikt zwischen rationaler Kontrolle und emotionaler Triebkraft	Cherry Plum	BN/S55
	Symptome der H., um Aufmerksamkeit zu erzeugen	Chicory	KN/S96, LB/S72
	Symptome der H. wegen seelischem oder körperlichem Schock	Star of Bethlehem	KN/S129
Idealismus	Extrovertierter, wird zum aufdringlichen Missionar	Vervain	BN/S188
	Hoher, mit Gefühl für Vollkommenheit, Schwachstellen und Fehler fallen sofort ins Auge	Beech	CB/S191
	Idealist, der sich viel vornimmt und sich selbst überfordert	Elm	FG/S328
	Lebt mehr in der Zukunft aus Idealismus, in Hoffnung auf bessere Zeiten	Clematis	BW/S66
	Sich aufzuopfern und alle Schuld auf sich zu laden, ist zum Ideal geworden	Pine	CB/S171
	Strenger, krankhafter	Rock Water	BN/S166, CB/S202

Gemütszustand	Symptome	Bach-Blüte	Literatur
Illusionen	Träumt den ganzen Tag, ist geistig abwesend, hat kein Interesse an der Gegenwart	Clematis	FG/S329
Immun-störungen	Bei geschwächtem Immunsystem mit Angst und großer Empfindsamkeit	Mimulus	GW/S104
	Bei überschießender Immunreaktion	Vine	WS/S120
	Für Abwehrkraft und innere Stabilität	Walnut	BN/S197
	Für innere Stärke und Unversehrtheit	Walnut	KB/S34
	Reinigt Seele und Körper, unterstützt die Heilung	Crab Apple	FG/S329
	Selbst kleine Unpäßlichkeiten dauern unverhältnismäßig lang	Star of Bethlehem	CB/S177
	Wegen zu starker Identifizierung mit der Umwelt; verurteilend, kritisch	Beech	KB/S34
Impfung	Bei unterschwelligen Nebenwirkungen von Impfungen bei Kindern	Clematis	PM/S32
Impotenz	Bei Impotenz, um sich trotzdem als Mann vollwertig zu fühlen	Larch	AK/S73
	Mit Angst, Überempfindlichkeit	Mimulus	KT/S46
	Wegen Schwächezustand, Erschöpfung	Olive	KT/S75
Impulsiv	Bei übertrieben impulsivem Verhalten	Impatiens	TK/S81
Infekte	Bei Anfälligkeit für	Mustard	TB/S91
	Bei Infekten	Crab Apple	TB/S71

Gemütszustand	Symptome	Bach-Blüte	Literatur
Infekte	Bleiben im Anfangsstadium stecken	Wild Oat	KN/S35
	Verschleppte	Holly	CB/S139
	Zur Vorbeugung, gegen Ansteckung	Crab Apple	KN/S45
Infektionen	bei verschiedenen Erregern, bei Pilzerkrankungen, Viren oder Bakterien	Elm	AK/S57
	Extreme Anfälligkeit für I. bei Kindern, die ständig erkältet sind	Clematis	KT/S270
	Häufig, Angst vor Ansteckung	Crab Apple	SB/S101, BN/S73
	Schützt vor Infektionen, stärkt die Abwehrkraft und die innere Stabilität	Walnut	BN/S197
	Um drohende I. abzuwenden	Clematis	SB/S96
Informationshunger	Übersteigerter	Cerato	SB/S72, KN/S30
Inkonsequenz	Aus Unentschlossenheit	Scleranthus	LB/S72
	Fehlendes Konzept, beginnt immer wieder etwas anderes	Wild Oat	CB/S72
	Hält bei Problemen nicht durch, gibt schnell auf	Gentian	BN/S358
Intelligenz	Fühlt sich anderen unterlegen, zweifelt an seiner I.	Larch	KN/S122
	Sehr große, macht alles hundertfünfzigprozentig	Vervain	ST/S129
Interessenlosigkeit	Am Leben selbst, aus Resignation	Wild Rose	SB/S250, KN/S51

Gemütszustand	Symptome	Bach-Blüte	Literatur
Interessen-losigkeit	Träumerisch, mit Gedanken woanders	Clematis	SO/S183, KN/S113
	Wegen geistiger und körperlicher Verausgabung	Olive	SO/S183, SB/S172, KN/S87
	Wegen schwermütiger Traurigkeit ohne Grund	Mustard	SO/S183, KN/S110
	Weil die Vergangenheit überbewertet wird oder unverarbeitet ist	Honeysuckle	SO/S183, SB/S134, KN/S101
Intoleranz	Aus Herrschsucht, Pedanterie, Rechthaberei, Bevormundung	Vine	BN/S190, LB/S72
	Gegenüber Andersdenkenden oder den eigenen Bedürfnissen	Rock Water	KT/S84
	Gegenüber dem Arbeitsstil und Tempo anderer, reagiert aufbrausend und nervös	Impatiens	FG/S332
	Überkritisch, ohne Mitgefühl	Beech	SO/S145, SB/S61, KN/S60
	Versteht die Gefühle anderer nicht	Holly	SS/S123, SB/S126
Introvertiert	Verschlossen, spricht nicht über seine Ängste mit anderen	Mimulus	KT/S43
Ironie	Neigung zu Ironie und andere Menschen herabzusetzen	Beech	TB/S55
Ischias	Bei Verrenkung, zur Beseitigung von Wirbelblockaden	Agrimony, Star of Bethlehem	BN/S360
	Bei zu starkem Leistungswillen; Ehrgeiz	Oak	BN/S360
	Durch Ärger, Wut, durch gewalttätige Bewegungen	Holly	BN/S359

Gemütszustand	Symptome	Bach-Blüte	Literatur
Ischias	Durch Hektik, bei eiligen, hastigen Bewegungen	Impatiens	BN/S359
	Mit heftigem Schmerz	Agrimony	ZE/S117
Isolation	Bei Sehnsucht nach der Vergangenheit	Honeysuckle	KB/S20, KN/S101
	Da andere zu langsam	Impatiens	SO/S184, SB/S144
	Durch überkritische Haltung gegenüber anderen	Beech	SB/S62, KN/S60
	Gefühl der totalen I., mit hilfloser Leere, fühlt sich unsagbar einsam	Sweet Chestnut	ST/S126, ZE/S73
	Mit seelischem Schmerz in der Kindheit	Agrimony	SB/S51, KN/S74
	Mit Überlegenheitsgefühl	Water Violet	SO/S176, SS/S198, SB/S232, KN/S54
	Schmerzliche I., fühlt sich von allen anderen abgetrennt	Holly	SB/S126
	Wegen starkem Mitteilungsbedürfnis	Heather	SO/S184, KB/S20
Jähzorn	Aus Ungeduld	Impatiens	KB/S80
	Jähzornig, da man sich selbst blockiert	Cherry Plum	LB/S72
	Wenn Liebe nicht erwidert oder versagt wird	Holly	SO/S157, SS/S122, SB/S129, KB/S80
	Wird schnell wütend, unter Umständen gewalttätig	Holly	GU/S38

Gemütszustand	Symptome	Bach-Blüte	Literatur
Jammern	Beklagen sich nicht, obwohl sie schikaniert werden, sondern nehmen es als ihr Los hin	Centaury	PM/S27
	Jammert als Ausdruck von Verbitterung	Willow	BN/S361
	Jammert nicht über sein Unglück, ist wie abgeschaltet	Wild Rose	BN/S360, WG/S172
	Jammert nie, obwohl völlig ausgelaugt	Oak	ST/S102
	Jammert selbstmitleidig, aus Gier nach Zuwendung	Chicory	BN/S361
	Jammert überhaupt nicht, obwohl er innerlich leidet	Agrimony	BN/S360
	Jammert, um sich in den Vordergrund zu drängen	Heather	BN/S361
Jetlag	Bei klimatischer Veränderung und plötzlichem Temperaturwechsel	Scleranthus	TB/S103
	Zur besseren Umstellung	Walnut	KT/S103
Kälte	Der Hände und Füße	Clematis	SB/S97, KT/S95
Kämpfer	Tapferer, der nie aufgibt	Oak	PV/S80
Kapitulation	Innere, wegen fehlender Lebensfreude	Wild Rose	SO/S179, KN/S51
Kichern	Nervöses	Mimulus	TB/S89
Kitzelig	Äußerst, Kontakt mit der Umwelt wird als zu heftig empfunden	Water Violet	KT/S129
Klammern	In Beziehungen	Chicory	IM/S56
Klimakterium	Bei Beschwerden im	Scleranthus	TB/S103

Gemütszustand	Symptome	Bach-Blüte	Literatur
Klimakterium	Bei Stimmungstiefs im	Wild Oat	TB/S117
	Mit Gefühl der Entwertung als Frau	Larch	BN/S362
	Mit Hitzewallungen, für die unkontrollierbaren vegetativen Reaktionen	Cherry Plum, Rock Rose	BN/S362
	Mit Hysterie oder Psychosen, stark aufflammende Sexualität	Cherry Plum	BN/S362
	Mit innerer Unruhe	Impatiens	BN/S362
	Mit Wallungen, starken Emotionen	Holly	CB/S139
	Plötzliche Launen im K., mit Überempfindlichkeit	Scleranthus	CB/S68
	Um die hormonelle Umstellung besser zu verkraften	Walnut	BN/S362
	Versuch der Verdrängung, Alter wird durch übertriebene Jugendlichkeit überspielt	Agrimony	BN/S362
Koliken	Spasmen, Neigung zu K.	Vervain	KN/S65
Kollaps	Weil man sich zuviel zumutet	Oak	SO/S164, SB/S165
Koma	Stärkt den Willen zu leben	Clematis	BH/S132, MR/S110
Komplexe	Psychische, mit Verlegenheit, Tendenz zum Überspielen	Agrimony	BN/S23
Kompromisse	Um des lieben Friedens willen	Agrimony	SO/S143
Konflikt	Starker innerer K. zwischen Verstandesbetonung und großer Emotionalität	Cherry Plum	BN/S54
	Konfliktscheu mit Gutmütigkeit	Centaury	LB/S73

Gemütszustand	Symptome	Bach-Blüte	Literatur
Konflikt	Konfliktscheu, aus Angst, den anderen zu verletzen	Centaury	GU/S39
	Konfliktscheu, weil man seine Meinung nicht vertreten kann	Cerato	GU/S39
	Konfliktscheue Persönlichkeitsstruktur, unterdrückt seine persönlichen Abneigungen	Beech	BN/S36
	Versucht Konflikt zu vermeiden und zu überspielen	Agrimony	SB/S51, BN/S23, FG/S340
Kontaktprobleme	Aus Angst vor anderen Menschen	Mimulus	ZE/S27
	Bei Kindern wegen negativen Umständen, bei beginnender Krankheit	Water Violet	BN/S202
	Benutzt Kontakte zur Selbstdarstellung	Heather	BN/S364
	Durch Angst vor Offenheit, sich zu zeigen, wie man ist	Agrimony	BN/S364
	Durch Minderwertigkeitskomplexe	Larch	BN/S364
	Durch schlechte Erfahrungen, Mangel an Vertrauen	Star of Bethlehem	BN/S364
	Durch den Versuch, andere zu eng an sich zu binden, werden sie abgestoßen	Chicory	BN/S364
	Durch Vorurteile	Beech	GU/S39
	Mit Bindungsangst, Arroganz, Einzelgängerei	Water Violet	BN/S200, FG/S342
	Will keinen Kontakt zu dem, der ihn enttäuscht hat	Willow	BN/S366
Kontrollsucht	Bei krankhafter	Chicory	TB/S66

Gemütszustand	Symptome	Bach-Blüte	Literatur
Konzentrationsstörungen	Bei Konzentrationsmangel in der Schule oder der Arbeit	White Chestnut	TB/S115
	Bei mangelnder Konzentration wegen Festhängens in der Vergangenheit	Honeysuckle	TB/S82
	Bei retardierter Entwicklung	Chestnut Bud	SB/S84
	Bei K. mit Blackouts trotz guter Vorbereitung	Elm	TB/S73
	Durch zügellose Phantasie	Clematis	BN/S366
	Durch Sprunghaftigkeit, Ablenkbarkeit	Scleranthus	BN/S366, LB/S73
	Durch Unruhe oder Ungeduld	Impatiens	BN/S366
	Im Gespräch; sprunghaft	White Chestnut	SO/S177, SB/S241
	Mit Antriebsschwäche, Mangel an Motivation	Hornbeam	FG/S343
	Seit einem erschütterndem Erlebnis	Star of Bethlehem	BN/S366
	Wegen inneren Dialogen und kreisenden Gedanken	White Chestnut	SO//S177, SS/S202, BN/S205
	Wegen Interesselosigkeit am Lehrstoff	Chestnut Bud	BN/S366
	Wegen selbstverursachter Reizüberflutung	Chestnut Bud	KN/S59
	Wegen Zweifel an seinen Fähigkeiten, z.B. Rechnen	Gentian	SS/S113, SB/S113
Kopfschmerzen	Bei Spannungskopfschmerz	White Chestnut	TB/S115

Gemütszustand	Symptome	Bach-Blüte	Literatur
Kopfschmerzen	Bei Verbissenheit und streßbedingter Anspannung	Oak	BN/S367
	Chronische, Stirnpartie, über den Augen	White Chestnut	SB/S239
	Durch Konzentrationsstörungen	Clematis	BN/S367
	Durch zu anstrengende Denktätigkeit, geistige Überbeanspruchung	White Chestnut	BN/S206
	Klopfende	Heather	BW/S106
	Mit Nervosität oder ungeduldiger Getriebenheit	Impatiens	BN/S367
	Mit Verkrampfung	Agrimony	BN/S367
	Nur am Wochenende	Oak	MR/S236
Körpergefühl	Gestörtes K., Schlanke finden sich zu dick, junge Mädchen glauben, sie hätten Cellulitis	Crab Apple	CB/S150
	Schwaches K., stößt sich leicht	Clematis	ST/S65
Kraftreserven	Sind alle aufgebraucht	Olive	CB/S97
Krampfadern	Neigung zu	Hornbeam	CB/S64
Krampfanfälle	Mit Reizbarkeit	Impatiens	KT/S75
Krämpfe	Leidet oft unter Krämpfen, körperlicher Ausdruck seiner inneren Verkrampfung	Agrimony	BN/S25
Krankenhausaufenthalt	Durch einen Krankenhausaufenthalt in der frühen Kindheit längere Zeit von den Eltern getrennt	Mustard	KT/S44
Krankheit	Beängstigender Befund, z.B. Krebsverdacht, positiver Aids-Test löst Panik, Todesangst aus	Rock Rose	KT/S119

Gemütszustand	Symptome	Bach-Blüte	Literatur
Krankheit	Bei akuter und bei schwerer, plötzlich auftretender	Elm	BN/S78
	Bei chronischer, zur allgemeinen Blutreinigung über längere Zeit	Crab Apple	BN/S369
	Bei Morbus Crohn und Colitis ulcerosa	Agrimony	AK/S37
	Bei psychiatrischen Erkrankungen, um mit hoher Empfindsamkeit besser zurecht zu kommen	Aspen	AK/S39
	Bei psychosomatisch bedingter Sinusitis, Bronchitis, Asthma bronchiale	Star of Bethlehem	TB/S105
	Bei schweren Erkrankungen, wie MS, Krebs, Aids; für die Betroffenen und deren Angehörige, um wieder Mut zu fassen	Gentian	AK/S59
	Bei schwerer mit schlechter Prognose und Hoffnungsverlust	Gorse	BN/S87
	Bei sehr schwierigen Patienten, nichts ist ihnen recht, nörgeln an allem herum	Willow	CB/S186
	Chronische Krankheit, glaubt, sie sei unabänderlich	Wild Rose	SB/S250, KN/S51
	Der Kranke ist auffallend gereizt und aggressiv	Holly	BN/S368
	K. eines Angehörigen wirkt beunruhigend und erschreckend	Rock Rose	BH/S99
	K. eines Elternteils zwingt in der Kindheit zum Zurückstellen der eigenen Bedürfnisse	Agrimony	KT/S269

Gemütszustand	Symptome	Bach-Blüte	Literatur
Krankheit	Entsteht leicht, wenn Dinge, vor denen man Angst hat, auf einen zukommen	Mimulus	SB/S156
	Erpressen andere mit ihrer Krankheit, bis hin zum Pflegefall	Chicory	KN/S96
	Für das Endstadium unheilbarer Krankheiten	Holly	TB/S80
	Gibt bei Krankheit Genesung nur widerwillig zu	Willow	SB/S259
	Hat schon als Kind eine chronische Krankheit durchlitten oder war mit Menschen eng zusammen, deren Schicksal ein langes Siechtum war	Olive	TB/S76
	Ist er krank, gibt er die Art der Behandlung an	Vine	MR/S334
	Lebensbedrohliche, wie Herzinfarkt, Asthmaanfälle; Gehirnschlag löst Panik, Todesangst aus	Rock Rose	KT/S119
	Mit Trostbedürfnis, vor allem bei Kindern	Chicory	BN/S367
	Psychische Krankheit, aus Sorge	Agrimony	KT/S125
	Tritt plötzlich und gewalttätig auf, z.B. Fieber	Holly	BN/S368
	Tritt schlagartig auf, Herzinfarkt, Bandscheibenvorfall, Unfall	Oak	BF/S67
	Um ihren Willen durchzusetzen, z.B. bei Kindern vor Klassenarbeiten	Heather	CB/S112
	Verharmlost seine Krankheit, macht Scherze über ernsthafte Befunde	Agrimony	KN/S72

Gemütszustand	Symptome	Bach-Blüte	Literatur
Krankheit	Wenn man die Krankheit nicht akzeptieren kann	Oak	TB/S93
	Wird vorgeschoben, um eine Sache nicht in Angriff nehmen zu müssen	Larch	SB/S150
Kreativität	Für begabte Tausendsassas, die von allem ein bißchen können, aber nichts richtig	Wild Oat	FK/S48
	Für begeisterte Perfektionisten, die sich verzetteln	Vervain	FK/S48
	Kann nichts spontan zulassen	Larch	KB/S40
	Nicht gelebte K.; für Künstler und Kreative in langweiligen Berufen oder viel Routine	Clematis	MR/S111
Krebs	Aggressionen haben sich nach innen gerichtet, zerstörerische Bitterkeit	Willow	CB/S187
	Bei Kerbserkrankungen, um Verzweiflung aufzufangen	Sweet Chestnut	WS/S116
	Diagnose löst Schock aus, wird als Todesurteil empfunden	Star of Bethlehem	BN/S175
	Gegen krebsartiges Geschehen, speziell die metastasierende Verschleppung des Geschehens in entfernte Stellen im Organismus	Vine	TB/S110
	Panische Angst überwältigt den Kranken	Cherry Plum, Rock Rose	BN/S371
	Wird immer durch psychisches Trauma ausgelöst	Star of Bethlehem	BN/S175
Kreislauf	Bei Kreislaufbeschwerden mit einhergehendem Herzrasen	Elm	TB/S73
	Bei Kreislaufkollaps	Oak	WS/S100

Gemütszustand	Symptome	Bach-Blüte	Literatur
Kreislauf	Bei Kreislaufschwäche mit Depression	Mustard	TB/S91
	Bei Kreislaufschwäche mit erhöhtem Schlafbedürfnis	Clematis	GW/S82
	Bei Kreislaufstörungen oder wenn man nicht 'in die Gänge' kommt	Hornbeam	TB/S83
	Bei Kreislaufzusammenbruch	Rock Rose	WS/S108
	Schwacher K. mit geringer Unternehmungslust, Gleichgültigkeit	Wild Rose	BN/S218
Krisen-situation	Ist verzweifelt in einer	Sweet Chestnut	SS/S185, SB/S210, KN/S76
	In Lebenskrisen, bei Neuanfang, daß man sich selbst treu bleibt	Walnut	BN/S371
Kritik	Empfindet Kritik als mangelnde Dankbarkeit und verträgt sie schlecht	Chicory	GU/S40
	Fähigkeit zu Kritik unterdrückt er bei sich und anderen, um an seinen Ideen keine Zweifel aufkommen zu lassen	Vervain	CB/S208
	Für Menschen, die an allem etwas auszusetzen haben, sie kritisieren andere in deren Abwesenheit	Beech	TB/S57
	Ist kritisch, um andere zu manipulieren	Chicory	LB/S73
	Kritisch aus Machthunger	Vine	LB/S73
	Kritisch und streng mit sich selbst und anderen	Rock Water	FG/S345, LB/S73

Gemütszustand	Symptome	Bach-Blüte	Literatur
Kritik	Überkritisch gegenüber sich selbst, klagt sich an, kann sich selbst nicht vergeben	Pine	FG/S345
	Überkritisch und gereizt, weil andere langsamer sind als er	Impatiens	HF/S125
	Übt ständig Kritik an anderen	Beech	SB/S60, KN/S60
	Verträgt schlecht Kritik, aus Mangel an Selbstwertgefühl	Larch	GU/S40
	Von anderen bewirkt, daß man sich unterordnet	Centaury	SB/S66, KN/S21
	Wagt nicht, an anderen Kritik zu üben	Centaury	SB/S67
	Wenn man keine Kritik verträgt	Impatiens	TB/S85
Kummer	Geheimer Kummer, Sorgen werden verborgen	Agrimony	BN/S371
	Sehnsucht nach der Vergangenheit aus Kummer über die Gegenwart	Honeysuckle	FG/S346
	Stiller Kummer	Star of Bethlehem	SO/S171, KN/S125
	Verbirgt seinen Kummer vor der Umwelt, sieht keinen Ausweg mehr	Sweet Chestnut	CB/S218
Künstlichkeit	Mit Keep smiling, Schauspielerei, Unehrlichkeit	Agrimony	BN/S23
Lächeln	Ständiges	Agrimony	IM/S28
Lähmung	Energetische Lähmung mit Schlaffheit	Wild Rose	SS/S210, KN/S51
	Gefühl der inneren Lähmung, aus Verzweiflung	Mustard	CB/S93

Gemütszustand	Symptome	Bach-Blüte	Literatur
Lähmung	Gefühl der seelischen Lähmung	Star of Bethlehem	SS/S178, SB/S205
	Körperliche Lähmungserscheinungen wegen unverarbeitetem Schock	Star of Bethlehem	GW/S122
	Plötzlich auftretende körperliche Lähmung	Rock Rose	JB/S26
Lampenfieber	Aus Angst, vor größeren Menschengruppen zu sprechen	Mimulus	TB/S89
	Mit Angst vor Blamage	Heather	BN/S373
	Mit Angst, zu versagen	Larch	KT/S138
	Mit Nervosität	Impatiens	BN/S373
	Mit Selbstzweifeln durch zu großen Druck	Elm	WS/S78
	Wegen schlechten Erfahrungen	Star of Bethlehem	BN/S373
Langeweile	Bei chronischer	Wild Rose	TB/S119, JB/S30
	Bei Kindern, die nichts mit sich anfangen können	Wild Oat	KS/S113
	Bei Menschen in Berufen oder Umgebungen, die ihnen nicht angemessen sind	Wild Oat	JB/S29
	Ist rasch gelangweilt, wenn ein Gespräch oder eine Situation sein Interesse nicht zu fesseln vermag	Clematis	HF/S23
	Mit innerer Leere durch ereignis- oder problemloses Leben	Wild Rose	MR/S394
Lästern	Muß immer lästern über andere	Beech	ZE/S100

Gemütszustand	Symptome	Bach-Blüte	Literatur
Launen	Giftige Launen, auch bei Kindern	Holly	SS/S122, SB/S129
	Häufig auftretende Launen, sehr wechselhaft	Scleranthus	BN/S373, KS/S97
	Häufig schlechte Laune	Mustard	LB/S73
	Versucht, anderen die Laune zu verderben; Spielverderber	Willow	SB/S255
Lebendigkeit	Fehlende, aus Erschöpfung	Hornbeam	EB/S15
	Fehlt völlig, lebt wie ein Schatten in der Vergangenheit	Honeysuckle	KN/S102
	Fehlt wegen starren Prinzipien und festgefahrenen Ansichten	Rock Water	FG/S347
Lebensaufgabe	Fehlende Lebensaufgabe, weiß nicht, was man tun soll	Cerato	BN/S374
	Wird nicht gefunden, fehlendes Konzept, Ziel	Wild Oat	SO/S178, SB/S244
Lebensfreude	Bei Mangel an Lebensfreude wegen depressiver Verstimmung	Mustard	TB/S91, GU/S42
	Fehlende, aus Erschöpfung	Olive	GU/S42
	Fehlende, wegen nagenden Selbstvorwürfen und Schuldgefühlen	Pine	CB/S171
	Fehlt generell	Wild Rose	GU/S42
	Wird bekämpft, als primitiv, unmoralisch empfunden	Rock Water	BN/S167
Lebenskraft	Bei erlöschender und fehlender Eigeninitiative	Wild Rose	TB/S119
	Bei Erschöpfung und Kraftlosigkeit	Olive	FG/S349

Gemütszustand	Symptome	Bach-Blüte	Literatur
Lebenskrise	Mit Sinnlosigkeit, Ziellosigkeit	Wild Oat	BN/S210
Lebens-situation	Erscheint unerträglich	Star of Bethlehem	BN/S173
Lebenswillen	Bei nachlassendem Lebenswillen mit Resignation aufgrund langer chronischer Krankheit	Wild Rose	TB/S119, ZE/S107
	Hat keinen mehr, sehnt sich insgeheim nach dem Tod und will gar nicht richtig gesund werden	Clematis	ZE/S107
Leberattacken	Generell	Crab Apple	MR/S120
Leber-Gallesystem	Bei Leberstörungen und Gallestau	Mustard	TB/S91
	Bei unnormaler Müdigkeit nach dem Essen, sich hängenlassen wegen Leberstörung durch Erschöpfung	Olive und Wild Rose	BN/S377
	Entzündungen und Schwellungen durch Demütigung, verletzter Stolz	Heather	BN/S377
	Entzündungen, Steine	Rock Water	BN/S165
	Krankheiten durch negative Emotionen, Wut, Ärger, Groll mit Reizbarkeit	Holly	BN/S376
	Störungen durch Verbitterung und Groll	Willow	BN/S377
	Störungen mit Depression, Melancholie	Mustard	BN/S376, WS/S32
	Störungen, mit heftigen Terror- und Panikgefühlen	Cherry Plum	WS/S32
	Störungen, wegen Schwarzsehen	Gentian	WS/S32

Gemütszustand	Symptome	Bach-Blüte	Literatur
Leber-Gallensystem	Verkrampfungen, Stauungen und Entzündungen im Leber-Gallesystem durch Hetze	Impatiens	BN/S376
Leere	Chronisches Gefühl der inneren Leere	Heather	SS/S121, SB/S120
	Gefühl der Leere im Kopf	Clematis	SB/S97
	Gefühl der Leere, als Folge der pessimistischen Grundeinstellung	Gentian	KN/S48
	Gefühl der Leere, aus Kraftlosigkeit, Energiestillstand	Olive	SS/S154
	Innere, wird ständig durch Arbeit, Vergnügen und Konsum kompensiert	Wild Oat	TB/S117
Legasthenie	Bei Kindern, denen es schwer fällt, Anweisungen zu befolgen	Impatiens	TK/S69
	Ermutigung und Bestätigung für das verletzte Ich	Cerato	HK/S95
	Für Kinder, die sich selbst unter Druck setzen, um entspannter und gelassener zu werden	Rock Water	HK/S95
	Für Tagträumer, die unter Konzentrationsmangel leiden	Clematis	HK/S95
	Mit Schuldkomplex	Pine	HK/S95
	Unterstützt die Wiedergewinnung der Zuversicht	Larch	HK/S95
Leistenbruch	Generell	Elm	WS/S78
Leistung	Fordert zu starr von anderen Leistung	Vine	BN/S377
	Leistungsdruck durch eigene Ansprüche	Oak	GU/S42
	Mit Verausgabung	Olive	SS/S154

Gemütszustand	Symptome	Bach-Blüte	Literatur
Leistung	Mußte er in der Kindheit L. vorweisen, sonst wurde ihm Zuneigung verweigert	Rock Water	CB/S202
	Ständiges Gefühl, er müsse noch mehr tun und leisten, um anerkannt und geliebt zu werden	Crab Apple	CB/S150
	Zwanghaft, aus Prinzip	Rock Water	SS/S170, CB/S201
Leistungsabfall	Bei L. aufgrund von Resignation	Wild Rose	TB/S119
Leistungsknick	Zur Überwindung eines, z.B. am frühen Nachmittag während der Arbeit	Hornbeam	TB/S83
Lernblockade	Bei Kindern	Chestnut Bud	SB/S83
Lernschwäche	Aus Mangel an Motivation	Hornbeam	GU/S42
	Bei verträumten Kindern	Clematis	TK/S68
	Mit Unaufmerksamkeit, krankhafter Zerstreutheit	Chestnut Bud	BN/S57
Liebenswert	Glaubt, so, wie er ist, nicht liebenswert und zu nichts gut zu sein	Crab Apple	CB/S150
	Sehr l., gutmütig und immer anderen zu Diensten	Centaury	TB/S58
Liebeskummer	Bei L., mit Trauer	Honeysuckle	LA/S134
	Bei L. und Herzeleid	Holly	TB/S80
	Läßt einen nicht schlafen	White Chestnut	GU/S43
	Stürzt einen in tiefe Verzweiflung	Sweet Chestnut	GU/S43

Gemütszustand	Symptome	Bach-Blüte	Literatur
Lob	Nimmt er gar nicht für sich selbst an, sondern meint, daß es anderen mehr zustünde und er es nicht verdient hat	Pine	TB/S96
Loslassen	Kann seine Angehörigen nicht loslassen	Chicory	GU/S43
	Kann seine Gefühle nicht loslassen	Cherry Plum	GU/S43
	Nicht l. können von überstandenen Krankheiten und deren Symptomen	Honeysuckle	CB/S89
Lösung	Aus einer Gruppierung, die nicht mehr der inneren Überzeugung entspricht, fällt leichter	Vervain	AK/S97
	Stärkt den Rücken, wenn man sich von einer Person, aus einer Gruppe oder Sekte lösen will	Centaury	AK/S43
Lügen	Für Kinder, die oft lügen	Agrimony	TB/S146, LB/S73
	Lügt aus Angst vor Strafe	Pine	GU/S43
	Lügt, um einem Konflikt auszuweichen	Mimulus	LB/S73
	Lügt, um sich interessant zu machen	Heather	LB/S73
	Neigung zum Schwindeln	Agrimony	GU/S43
Lungenembolie	Akut	Rescue Remedy	BN/S381
	Nach L., gegen den unverarbeiteten Schock	Star of Bethlehem	BN/S381
Lungen-erkrankung	Chronische L. mit Luftnot	Elm	AK/S57

Gemütszustand	Symptome	Bach-Blüte	Literatur
Lustig	Macht sich über andere mit verletzenden Bemerkungen lustig	Beech	KB/S41
Lustlosigkeit	Am Leben	Wild Rose	SS/S213
	Bei vorübergehender Lustlosigkeit durch Überforderung	Elm	FG/S353
	Vernunft und Routine verdrängen Kreativität	Hornbeam	SS/S132
	Weil ausgelaugt, total am Ende, nichts macht mehr Freude	Olive	SB/S172, KN/S87, MR/S245
Lymphstauungen	Bei Schwellungen, morgens nach dem Aufstehen, mit leicht aufgedunsenem Aussehen	Clematis	AK/S53
	Bei Stauungen im Lymphsystem allgemein	Star of Bethlehem	SO/S171
Magenbeschweden	Bei Magengeschwür	Cherry Plum	WS/S68
	Aus Überarbeitung	Oak	WS/S31
	Bei schmerzhaftem Druckgefühl im Magen- und Darmbereich	Gentian	TB/S75
	Besonders bei Übersäuerung, die jeder Behandlung trotzt	Star of Bethlehem	CB/S178
	Hat sein Schicksal nicht verdaut	Willow	WS/S31
	Magenprobleme durch verminderte Magensäure	Clematis	WS/S74
	Mit Überforderungsgefühl	Elm	WS/S31
	Nervöse	Rock Rose	SO/S168
	Psychosomatischer Art	Beech	CB/S193

Gemütszustand	Symptome	Bach-Blüte	Literatur
Magen-schleimhaut-entzündung	Aus Angst vor den eigenen negativen Emotionen	Cherry Plum	WS/S31
	Bei Leistungsstreß, wenn man sich übernommen hat und fürchtet zu versagen	Elm	BN/S382
	Durch Ungeduld und bei heftigen Reaktionen	Impatiens	WS/S92, BN/S382
	Mit Angst vor einer bevorstehenden Aufgabe oder Prüfung	Mimulus	BN/S382
	Wegen innerem Groll	Willow	WS/S31
	Wegen mangelndem Geborgenheitsgefühl	Heather	WS/S31
	Wegen Wutgefühlen, inneren, versteckten oder offenen	Holly	WS/S31
	Wenn man alles zu schwer nimmt	Star of Bethlehem	BN/S382
Magersucht	Aufgrund einer unverarbeiteten seelischen Belastung	Star of Bethlehem	BN/S383
	Aufgrund von Selbstablehnung	Rock Water	BN/S383, AF/S141
	Aufgrund von Todeswünschen	Clematis	BN/S383
	Aus Selbstmitleid oder Liebesbedürfnis	Chicory	BN/S383
	Aus Trotz	Holly	BN/S383
	Aus Verbitterung	Willow	BN/S383
	Hat keine Lust am Leben, hat sich aufgegeben	Wild Rose	FG/S354
	Mit Haß, der sich gegen den eigenen Körper richtet	Holly	CB/S139

Gemütszustand	Symptome	Bach-Blüte	Literatur
Magersucht	Mit Willensschwäche, Minderwertigkeitskomplex, schwacher Ichkraft	Centaury	TB/S59
	Weil man sich nicht so mag, wie man ist, aus Selbstbestrafung	Crab Apple	HB/S22
	Weil Nahrung als abstoßend oder schmutzig empfunden wird	Crab Apple	HB/S22
Makel	Leidet unter dicker Brille, schlechter Figur etc.	Larch	BF/S29
Mangel-erscheinungen	Jeder Art	Honeysuckle	WS/S88
Manipulation	Geschickte, um seinen Willen durchzusetzen oder Einfluß zu behalten	Chicory	ST/S61, LB/S73
	Manipulation durch Erzeugen von Schuldgefühlen	Chicory	PM/S30
Manisch	Extreme Unruhe	Impatiens	BN/S383
	Übertrieben optimistisch, aktiv, unternehmungslustig	Cherry Plum	BN/S383
Manisch-Depressiv	Bei großen Stimmungs-schwankungen	Mustard	KB/S44
Märtyrer	Hadern mit ihrem Schicksal, tun sich selbst leid	Willow	FG/S356
	Mit Helfersyndrom, mißachten ihre eigenen Bedürfnisse und verfallen dann in Selbstmitleid	Centaury	FG/S356
	Spielt den M., weil er seinen Willen nicht bekommt	Chicory	SB/S91
Maske	Verbirgt Sorgen	Agrimony	SS/S68, SB/S50, KN/S72

Gemütszustand	Symptome	Bach-Blüte	Literatur
Maske	Verbirgt tiefste Verzweiflung	Sweet Chestnut	SB/S212
Masochist	Geprügelte Person, oder Person, die zuviel liebt, mitunter bis zum Masochismus	Centaury	MR/S62
	Konstruiert immer neue Gründe für seine Eifersucht	Holly	CB/S138
	Schuldgefühle nagen und bohren an ihm, es scheint, daß er seine Qualen liebt	Pine	CB/S171
Meckerer	Ewiger, fängt alle Sätze mit *nein* oder *aber* an	Beech	TB/S56, LB/S73
Meinung	von anderen wird unbewußt übernommen, aus Willensschwäche	Centaury	SB/S68
	Wechselt von einem Moment zum anderen	Scleranthus	SO/S170, SB/S199, KN/S37
	Zu wenig Vertrauen in die eigene, fragt ständig andere	Cerato	SO/S147, KN/S30
Melancholie	Durch traurige Erinnerungen	Honeysuckle	GU/S44
	Phasen der M., kann sich an nichts mehr freuen	Mustard	KN/S117
Meningitis	Generell	White Chestnut	SO/S177
Menstruation	Bei unregelmäßigem Menstruationszyklus	Rock Water	TB/S102
	Für traumatische Gefühle bei der ersten M.	Crab Apple	TB/S71
Menstruations-beschwerden	Bei Amenorrhöe	Gorse	WS/S82

Gemütszustand	Symptome	Bach-Blüte	Literatur
Menstruations-beschwerden	Bei prämenstruellem Syndrom mit Depression	Mustard	TB/S91, HB/S38
	Bei prämenstrueller Gereiztheit	Impatiens	HB/S38
	Weil physische Bedürfnisse nicht integriert werden	Rock Water	SB/S196
	Mit Krämpfen vor und während der Menstruation	Oak	WS/S100
	Spastische	Rock Water	SO/S169
	Starke Blutungen oder Ausbleiben der Regel	Star of Bethlehem	SO/S171, SB/S205
	Zyklus unzuverlässig, mal überraschend kurz, dann wieder beängstigend lang	Scleranthus	BF/S31
Midlife-crisis	Bei dem Gefühl, daß all das lohnend gewesen wäre, was man nicht getan hat	Gentian	PM/S34
	Bei Stimmungstiefs, bei pubertärem Verhalten nach unerfüllten Wünschen	Wild Oat	TB/S117
	Mit Sexualproblemen, sich beweisen müssen, daß man für Jüngere noch attraktiv ist	Wild Oat	SB/S246, CB/S72
Miesmacher	und Spielverderber	Willow	SB/S259
Migräne	Anfälle immer nach den gleichen Auseinandersetzungen	Chestnut Bud	SB/S82
	bei sehr starken Persönlichkeiten	Vine	SO/S174, CB/S212
	Wegen innerer Verkrampfung und Anspannung	Vervain	CB/S207
Milchschorf	Generell	Cherry Plum und Olive	EB/S113

Gemütszustand	Symptome	Bach-Blüte	Literatur
Minderwertig-keitskomplex	Aus unbefriedigtem Bedürfnis nach Anerkennung und Bewunderung	Heather	BN/S92, ZE/S62
	Bei mangelnder Anerkennung durch andere	Centaury	TB/S58
	Durch Mangel an Selbstvertrauen	Larch	SO/S161, SS/S138, KN/S119
	Für jene, die sich selbst anklagen und sich ihre Fehler nicht vergeben können	Pine	FG/S359
	Wenn man andere Menschen für besser hält als sich selbst	Larch	TB/S87
Mißachtung	Der Grenzen der eigenen Belastbarkeit	Vervain	TB/S108
	Bei verdrängten Ängsten und dunklen Ahnungen; Angst, die man sich nicht eingesteht	Aspen	FB/S58
	Für das Entsetzen und den Schrecken, Angstgefühle beim bloßen Gedanken an Männer	Rock Rose	HK/S130
	Für das Gefühl, manipuliert und dominiert zu weden, ohne etwas dagegen ausrichten zu können	Centaury	HK/S131
	Für den Schock	Star of Bethlehem	HK/S130
	Für die Verzweiflung, daß es aus dieser Not keinen Ausweg gibt	Sweet Chestnut	HK/S131
	Gefühl des Selbstekels, mit Schuldempfinden	Crab Apple	HK/S131
	Wenn das Kind alles für sich behält, innerlich Seelenqualen durchmacht, sein Schmerz jedoch unerkannt bleibt	Agrimony	HK/S132

Gemütszustand	Symptome	Bach-Blüte	Literatur
Mißachtung	Wenn immer wieder Gedanken daran auftauchen	White Chestnut	DB/S128
Mißerfolg	Nach vielen Enttäuschungen, Rückschlägen und Mißerfolgen hat man innerlich aufgegeben	Gorse	ZE/S38
	Wird erwartet, Gefühl, nie Erfolg zu erleben	Larch	BW/S71
Mißgeschicke	Kleinere, passieren häufig, z.B. stolpern, hinfallen, hängenbleiben, etwas fallenlassen	Clematis	KN/S113
Mißgunst	Gegen andere, wegen deren besserem Schicksal	Willow	SB/S259
Mißhandlung	Angst vor Wiederholung	Mimulus	BN/S385
	Bei allgemeiner Verängstigung als Folge von M.	Aspen	BN/S385
	Folgen von Mißhandlung führen zu Beeinträchtigung des Selbstwertgefühls	Larch	BN/S385
	Folgen von Mißhandlung, oft in der Kindheit, hinterlassen einen gebrochenen Willen	Centaury	BN/S385
	Haß, und Rachegefühle als Folge von M.	Holly und Willow	BN/S385
	Mit bleibenden Folgen	Star of Bethlehem	BN/S385
Missionieren	Für Menschen, die ihre Überzeugungen und Erkenntnisse für absolut richtig halten und sie anderen aufdrängen	Vervain	BN/S386
Mißtrauen	Dem Leben gegenüber	Aspen	GU/S45
	Gegen Menschen, die das Leben zu locker nehmen	Rock Water	CB/S201

Gemütszustand	Symptome	Bach-Blüte	Literatur
Mißtrauen	Gegenüber anderen, allgemein	Holly	SO/S157, SB/S129, KN/S24
	Gegenüber anderen, glaubt, sie seien nur freundlich, weil sie etwas wollen	Chicory	CB/S197
	In die eigene Meinung	Cerato	SO/S147, SB/S72
	Mißtrauisch gegenüber allen Veränderungen	Willow	FG/S360
	Wegen schlechter Erfahrungen	Star of Bethlehem	GU/S44
Mißverständnis	Beklagt sich über andere	Holly	SB/S129
Mitgefühl	Bei fehlendem, mit mangelndem Verständnis für andere	Holly	FG/S361
	Bei übergroßem und übertriebener Hilfsbereitschaft, kann nicht nein sagen	Centaury	FG/S361
	Fehlendes, überkritisch	Beech	ST/S26
Mitleidlos	Gegen andere, hart	Vine	SB/S222, KN/S33
Moral	Bei übertriebenem Sinn für Moral und Schuld, dauernde Schuldgefühle	Pine	FG/S362
	Für das unnatürliche, moralisierte Bedürfnis nach seelischer Reinheit, das zu Selbstablehnung führt	Crab Apple	BN/S387
	Moralapostel	Rock Water	FG/S362
Morgenmuffel	Durch trübe Stimmung	Mustard	BN/S387
	Durch Überforderungsgefühl	Hornbeam	BN/S387, FG/S362

Gemütszustand	Symptome	Bach-Blüte	Literatur
Motivation	Fehlende und fehlender Antrieb; hilft, den Anfang zu finden	Hornbeam	FG/S363
	Fehlende M. zur Veränderung, z.B. eine längst überfällige Beziehung zu beenden	Chestnut	AK/S49
	Fehlt aus Hoffnungslosigkeit	Gorse	KB/S47
	Fördert Zielstrebigkeit und klare Entschlußkraft	Wild Oat	FG/S363
	Totalverlust an M. und Lebensfreude	Wild Rose	SB/S252, KN/S51
Müdigkeit	Allgemeine Neigung, leicht zu ermüden	Cerato	TB/S60
	Aus zu großer Hilfsbereitschaft	Centaury	SB/S65
	Bei chronischer	White Chestnut	TB/S115
	Bei unerklärlicher	Hornbeam	TB/S83
	Geistige, leidet unter großer Müdigkeit, fühlt sich schwach und kraftlos	Hornbeam	KN/S66
	Tiefe innere, nach Zeiten starker innerer Kämpfe und Wandlungen	Olive	SB/S172, KN/S87
Muskelkater	Generell	Olive	AK/S81
Muskel-verkrampfung	Wegen Überforderung, Streß	Vervain	KN/S65
Muskel-verspannung	Als Ausdruck geistiger Steifheit und Arroganz	Water Violet	BH/S152
	Chronische	Vervain	GW/S126
	und Verhärtung, bei empfindlichem, überkritischem Wesen	Beech	CB/S193

Gemütszustand	Symptome	Bach-Blüte	Literatur
Muster	Fällt immer in die gleichen zurück, da es ihm nicht gelingt, sich von Verhaltensmustern zu lösen	Chestnut Bud	KT/S132
	Für Töchter von Alkoholikern, die immer wieder ähnliche Lebenspartner anziehen	Chestnut Bud	TB/ S64
	Hilft, gegenwärtig zu sein und Gewohnheiten zu verändern	Honeysuckle	PE/S103
	Kann sein Mißerfolgs-Programm nicht aufgeben	Gentian	BN/S85
	Wenn Erfahrungen ständig wiederholt werden, ohne daraus zu lernen	Chestnut Bud	KB/S73, KN/S58
	Wurden unter dem Einfluß anderer übernommen	Walnut	KB/S74
Musterschüler	Für, die unbedingt die besten sein wollen	Crab Apple	TB/S71
Mut	Fehlender, bei diffusen Ängsten und dunklen Vorahnungen	Aspen	FG/S364
	Hat nicht den Mut, zu widersprechen	Centaury	KN/S22
	Wächst besonders in Schrecksituationen über sich selbst hinaus	Rock Rose	KB/S48
Mutlosigkeit	Glaubt wider besseres Wissen, seiner Aufgabe nicht gewachsen zu sein	Elm	SO/S185, SB/S106
	Grenze der Belastbarkeit erreicht, auswegslos	Sweet Chestnut	SO/S185, SB/S210
	Vor eigenen Entscheidungen	Cerato	SS/S84
	Vor Konfliktbewältigung	Agrimony	SS/S67

Gemütszustand	Symptome	Bach-Blüte	Literatur
Mutlosigkeit	Wegen mangelndem Selbstvertrauen	Larch	SO/S185, KN/S119
	Wegen unverarbeitetem Schock; durch unangenehmen Vorfall	Star of Bethlehem	SO/S185, SB/S205
	Wegen Verbitterung, vom Schicksal ungerecht behandelt	Willow	SO/S185, KN/S49
	Weil er glaubt, etwas Unreines an sich zu haben	Crab Apple	SO/S185, SB/S100, KN/S43
	Weil man sich zu viele Vorwürfe macht oder anhängen läßt	Pine	SO/S185, SB/S178, KN/S27
	Weil trotz ausdauerndem Kämpfen immer neue Schwierigkeiten auftauchen	Oak	SO/S185
Muttergefühle	Die Mutter ist zu besorgt	Red Chestnut	GU/S45
	Egoistische Mutterliebe, kann das Kind nicht seinen eigenen Weg gehen lassen	Chicory	GB/S82
	Für Mütter, die sich für alles, was schiefgeht verantwortlich und schuldig fühlen	Pine	PM/S43
	Überfürsorgliche	Chicory	FG/S364
	Um das Herz für die wahre Mutterliebe zu öffnen	Holly	TB/S143
	Wahre Muttergefühle können nicht angenommen werden	Agrimony	TB/S51
	Zu gutmütig, kann sich nicht durchsetzen	Centaury	FG/S364
Nabelkoliken	Plötzlich auftauchende N. bei Kindern, mit Angst und Panik	Rock Rose	AF/S140

Gemütszustand	Symptome	Bach-Blüte	Literatur
Nachgiebigkeit	Kann nicht nein sagen	Centaury	SS/S80, KN/S21
Nachtragend	Aus Verbitterung, kann nicht vergessen	Willow	BN/S388, LB/S74
	Sehr nachtragend	Holly	KN/S24
	Sieht alles Vergangene als gut an	Honeysuckle	LB/S74
	Wegen übergroßer Gefühlsansprüche	Chicory	BN/S388
Nacken-steifigkeit	Als Ausdruck seiner Hartnäckigkeit, fanatisch	Rock Water	CB/S203
	Als körperlicher Ausdruck seiner distanzierten, stolzen Haltung	Water Violet	KN/S54
Nägelkauen	Aus Selbstvorwürfen, quälendem Gewissen	Pine	FG/S365
	Generell	White Chestnut	TB/S115
	Bei heftigem Temperament	Cherry Plum	TB/S62
	Mit innerer Ruhelosigkeit	Agrimony	SB/S50, TB/S51
Narkose	Fühlt sich manchmal benommen, wie unter leichter N.	Clematis	ST/S65
	Nach Narkose zur Reinigung	Crab Apple	BF/S59
	Zur Behandlung einer zu starken Narkose	Star of Bethlehem	SO/S171, SS/S181
Nebenhöhlen	Beschwerden der N.	Mimulus	JB/S26
	Beschwerden mit starkem Druck und Stau	Cherry Plum	AK/S47

Gemütszustand	Symptome	Bach-Blüte	Literatur
Neben-wirkungen	Von Medikamenten werden bereinigt	Crab Apple	CB/S149
Negativität	Bei Neigung, andere kritisch zu sehen	Beech	KB/S49, LB/S74
	Bei Unfähigkeit, sein Herz der Liebe für andere zu öffnen	Holly	KB/S49
	Für Pessimisten und Menschen, die schnell aufgeben	Gentian	FG/S365, LB/S74
	Weil man unfähig ist, zu verzeihen	Willow	KB/S49
Neid	Auf andere Frauen, die viel hübscher aussehen	Holly	KN/S24
	Ewiger Spielverderber	Willow	LB/S74
	Gefühl von Neid, auf das Glück anderer	Holly	SB/S129, KB/S49, KN/S24
	Trauriger, weil andere Erfolg haben	Larch	CB/S163
Neinsagen	Kann nicht	Centaury	SB/S65, LB/S75
Nerven	Alle Menschen gehen ihm auf die Nerven	Beech	CB/S191
	Bei Nervenkrisen, z.B. bei Entzugserscheinungen	Rock Rose	WS/S108
	Brauchen Stärkung nach Schock	Star of Bethlelem	SS/S181, KN/S125
	Glaubt, nicht mehr genug Nerven zu haben, um eine Herausforderung anzunehmen	Larch	SS/S139
	Nervenzusammenbruch droht	Rock Rose	BW/S95

Gemütszustand	Symptome	Bach-Blüte	Literatur
Nerven	Nervenzusammenbruch infolge zu großer Verantwortung und Streß	Elm	GU/S46
	Nervenzusammenbruch mit absoluter Verzweiflung und Hoffnungslosigkeit	Sweet Chestnut	BN/S389
	Sind zum Zerreißen gespannt, eine innere Zeitbombe tickt	Cherry Plum	SB/S75, KN/S82
	Spielen verrückt, in unerwarteten Situationen	Rock Rose	SS/S166, SB/S188
	Zehrt solange von seiner Nervenkraft, bis es zum Nervenzusammenbruch kommt	Vervain	GB/S219
Nervenkitzel	Sucht den Nervenkitzel, um nicht mit sich selbst konfrontiert zu werden	Agrimony	CB/S128
Nervensystem	Beschwerden des vegetativen	Rock Rose	KN/S79
Nervosität	Aufgrund der Befürchtung, man könne nicht alles unter Kontrolle haben	Cherry Plum	KB/S49
	Durch zu großen Streß	Elm	BN/S389
	Durch zu viele Menschen	Water Violet	BN/S389
	Für Menschen nervöser Natur, die schnell essen und sprechen	Vervain	TB/S108
	Mit nervösen Gesten, wie Kopfkratzen, Fingerknacken, Wippen u.ä.	Impatiens	SO/S160, SB/S145
	Mit nervösem Ticken, aus innerer Verkrampfung	Vervain	KN/S65
	Mit Unruhe, innerem Gehetztsein, weil die anderen zu langsam sind	Impatiens	CB/S115, TB/S85

Gemütszustand	Symptome	Bach-Blüte	Literatur
Nerven	Von Kindheit an schwache Nerven, frühzeitig Einnahme von Sedativa	Rock Rose	SO/S168
	Wegen alltäglicher Sorgen und Ängste	Mimulus	KB/S49
Neuanfang	Bei N. gegen Sinnlosigkeit	Wild Oat	BN/S210
	Bei Neuanfang, um sich selbst treu zu bleiben	Walnut	BN/S371
Neurodermitis	Aus Ungeduld, negativem Streß	Impatiens	WS/S48
	Bei allergischer Reaktion	Beech	DW/S49
	Bei Kindern, die sich schon damit abgefunden haben	Gorse	KS/S65
	Um eine unsichtbare Schutzhaut aufzubauen	Aspen	AK/S39
	Gegen die Reaktion der Selbstablehnung	Larch	DW/S49
	Mit innerem Groll	Willow	WS/S48
	Mit Juckreiz	Impatiens	BN/S111
	Mit mangelnder Abgrenzung	Centaury	WS/S48
	Mit Temperamentsausbrüchen, heftigen Reaktionen	Cherry Plum	TB/S62
	Schub mit hochroter juckender Haut, aus Eifersucht, z. B. wenn Alleinerziehende einen neuen Partner haben	Holly	AF/S129
	Wegen mangelndem Selbstschutz	Olive	WS/S48
Neurosen	Als Folge von seelischem oder körperlichem Schock	Star of Bethlehem	KN/S129, BN/S175
Nieder-geschlagenheit	Bei Enttäuschung über nicht erfüllte Erwartung	Gentian	FG/S367

Gemütszustand	Symptome	Bach-Blüte	Literatur
Nieder-geschlagenheit	Durch ein traumatisches Erlebnis	Star of Bethlehem	LB/S75
	Durch Mutlosigkeit	Wild Rose	LB/S75
	Durch ungenutzte Chancen	Honeysuckle	LB/S75
	Gefühl, einen schweren Wagen allein zu ziehen	Oak	SS/S150
	Mit Schuldgefühlen, Selbstvorwürfen	Pine	FG/S367
	Phasen tiefer N., ohne erkennbaren Grund oder Anlaß	Mustard	KN/S110
	Weil die Dinge nicht so klar sind wie bei anderen	Wild Oat	SB/S247
Nieren	Bei Erkrankungen, wegen Niederlagen und anderen demütigenden Erlebnissen	Heather	ZE/S116
	Beschwerden nach Schockerlebnissen wie tiefer Kränkung	Star of Bethlehem	WS/S36
	Beschwerden, bei jemandem, der keine Nähe zulassen kann	Water Violet	WS/S36
	Beschwerden, man macht sich zu viele Sorgen um andere	Red Chestnut	WS/S36
	Beschwerden wegen Entscheidungsschwäche	Scleranthus	WS/S36
	Erkrankungen wegen Angstzuständen	Aspen und Mimulus	ZE/S116
	Störungen, mit panikartigen Ängsten	Rock Rose	WS/S36
Nierensteine	Generell	Rock Water	TB/S102
	Weil ihm alles so an die Nieren geht, ist sauer auf jemanden	Pine	CB/S172

Gemütszustand	Symptome	Bach-Blüte	Literatur
Notfall	Bei Angst durchzudrehen; bei Hysterie	Cherry Plum	FG/S368
	Bei extremem Streß	Impatiens	FG/S368
	Bei Unfällen oder plötzlicher Erkrankung, wenn es scheinbar keine Hoffnung mehr gibt	Rock Rose	BW/S63
Oberflächlichkeit	Bei Menschen, die oberflächlich wirken, weil sie keine Nähe zulassen können	Water Violet	GU/S46
	Bei Menschen, die sich nur mit sich selbst beschäftigen und schlecht zuhören können	Heather	FG/S369
	Furcht, emotional in die Tiefe zu gehen, vermeidet Ernsthaftigkeit	Agrimony	FG/S368
	Ist in Gedanken immer zwei Schritte weiter, bei Unachtsamkeit	Chestnut Bud	FG/S368
	Wenn alles möglichst schnell gehen soll	Impatiens	FG/S369
Ohnmacht	Bei Menschen, die psychisch labil sind, mit Panik, Hysterie bis hin zur Ohnmacht	Rock Rose	ZE/S31
	Gefühl der, aus Angst	Aspen	SB/B54
	Mit Bewußtlosigkeit	Rescue Remedy	BN/S392
	Wütende, innere	Willow	SS/S214
Ohnmachtsneigung	Tritt leicht weg	Clematis	SO/S151, SB/S97, KN/S116
Ohrenkrankheiten	Ekzem im Ohr mit Jucken	Crab Apple, Impatiens	BN/S392
Ohrenpfeifen	Generell	Hornbeam	GW/S98

Gemütszustand	Symptome	Bach-Blüte	Literatur
Ohrwurm	Hat öfter einen O. oder bestimmte Gedanken sind wie ein O.	White Chestnut	SS/S204, SB/S238, KN/S68
Operationen	Bei bevorstehenden	Elm	WS/S78
	Nach schweren	Sweet Chestnut	WS/S116
	Sehr viele	Willow	SO/S180
	Vor und nach Operationen, um den physischen und psychischen Schock besser zu verkraften	Star of Bethlehem	ZE/S91
Opfer	Aufopfernd aus Berechnung, man erwartet Dank	Chicory	KC/S83
	Bei Krankheit wegen Aufopferung, z.B. bei der Pflege eines kranken Angehörigen	Centaury	ZE/S108
	Bringt extreme Opfer aus Pflichtgefühl	Oak	SS/S153, SB/S165, KN/S90
	Bringt Opfer, um des lieben Friedens willen	Agrimony	SB/S47
	Fühlt sich als Opfer des Schicksals	Willow	SO/S180, SS/S215, SB/S255, KN/S49
	Opfer von Krieg, Internierung, Schikanen; gibt sich selbst auf	Cherry Plum	SB/S75
	Opfert sich ungefragt für die Familie auf	Chicory	GU/S47
	Um akzeptiert zu werden, bringt man jedes Opfer	Pine	SS/S158, SB/S176, KN/S27
	Werden im Beruf erbracht, z.B. Krankenpfleger, Ärzte...	Pine	SO/S166

Gemütszustand	Symptome	Bach-Blüte	Literatur
Opfer	Wird zum Opfer für Egoisten und Zerstörer, entschuldigt sie noch	Cerato	BW/S208
Ordnungsliebe	Übertriebene, kleinliche	Vine	BN/S191
Ordnung	Fanatisch nach O. wegen Überschaubarkeit, so droht keine Gefahr	Beech	CB/S191
	Für Ordnungsfanatiker mit Sauberkeitszwang	Crab Apple	BN/S393
	Mit großer Selbstdisziplin wird zur Selbstunterdrückung	Rock Water	BN/S393
	Verwandelt jede in Chaos, schiebt alles Unangenehme vor sich her	Chestnut Bud	KS/S50
Orientierungslosigkeit	Bis hin zu Ohnmachtsneigungen	Rock Rose	TB/S99
Osteoporose	Generell	Larch	TB/S87
	Bei Frauen nach dem Klimakterium	Larch	BN/S115
Panik	Gerät innerlich oft grundlos in Panik	Aspen	GU/S47
	Infolge von Verdrängung, die einen plötzlich überwältigt	Agrimony	BN/S394
	Ist in Gefahr, in Panik auszurasten	Cherry Plum	GU/S47
	Mit Zittern, Herzrasen, Zähneklappern, Haare zu Berge stehen	Rock Rose	KT/S120
	Nach lebensbedrohlichen Ereignissen	Rock Rose	SO/S168, SS/S166, SB/S187, KN/S78

Gemütszustand	Symptome	Bach-Blüte	Literatur
Paranoia	Bei Angst vor Bakterien und Unreinheit, bei Waschzwang	Crab Apple	FG/S370
	Glaubt, andere wollten ihm schaden, tuscheln hinter seinem Rücken, fühlt sich unaufhörlich bedroht	Vine	CB/S212
	Leidet unter Vorahnungen und schlimmen Gedanken	Aspen	FG/S370
Parasitenbefall	Generell	Crab Apple	WS/S76
Parkinsonsche Krankheit	Wirkt unterstützend bei	Cherry Plum	SB/S77
Pedanterie	Bei pedantischem Reinlichkeitsbedürfnis	Crab Apple	FG/S370, LB/S75
	Kleinlich, unnachgiebig, kritisiert ständig andere	Beech	SB/S62, KN/S60
	Mit übertriebener Ordnungsliebe, kleinlicher Besserwisserei	Vine	BN/S190
	Verfolgt pedantisch und unflexibel einmal gesteckte Ziele	Rock Water	FG/S371
Pein	Ruhelos, bange, mit Sorgen	Agrimony	BW/S120
Perfektionismus	Aus Prinzip, steht unter dem Zwang, immer perfekt zu handeln, selbst wenn es seine Kräfte übersteigt	Oak	BN/S399
	Bei Perfektionismus aus Überbegeisterung	Vervain	TB/S108
	In Sauberkeitsfragen	Crab Apple	BN/S399, LB/S75
	Krankhafter, mit Pingeligkeit, Gewissensbissen	Pine	BN/S145
	Sehr genauer, penibler Mensch	Pine	LB/S75

Gemütszustand	Symptome	Bach-Blüte	Literatur
Perfektionismus	Starker Drang nach Perfektionismus aus Prinzipienreiterei	Rock Water	SO/S169, SB/S195, KN/S40
	Starkes Bedürfnis nach, bei gleichzeitigem Hang zu Vorsicht, Bescheidenheit	Hornbeam	BN/S106
	Wenn jemand besser sein will, als er ist	Rock Water	BN/S400
Periodische Schübe	von Migräne, Akne, Anfälle	Chestnut Bud	SB/S84
Pessimismus	Durch Verbitterung, weil schlechte, unverarbeitete Erfahrungen das Lebensgefühl vergiften	Willow	BN/S403
	Fürchtet immer das Schlimmste für andere	Red Chestnut	LA/S109
	Pessimistische Grundhaltung mit Niedergeschlagenheit und Enttäuschung	Gentian	GB/S105
	So pessimistisch, daß er nicht an einen Erfolg der Behandlung glaubt, nachdem er schon vieles versucht hat	Gorse	HF/S26
Petzen	Verrät andere	Willow	LB/S75
Pflichtgefühl	Bei übertriebenem, kann keine Schwäche zugeben	Oak	FG/S371
	Ohne Freude, Leichtigkeit	Oak	SS/S151, SB/S165
Phantasie	Bedrohliche und unkontrollierbare	Aspen	MR/S44
	Negative, mit Angst	Aspen	CB/S25
	Phantasielos, kann sich nicht beschäftigen	Heather	LB/S75

Gemütszustand	Symptome	Bach-Blüte	Literatur
Phantasie	Reist in seiner inneren P., kann P. nicht von Realität unterscheiden	Clematis	SS/S98, SB/S96, KN/S113
Phasen	Bei therapieresistenten Phasen während einer Krankheit	Gorse	TB/S77
	Bei wiederkehrenden Ischias-beschwerden, Neuralgien, Band-scheiben- und Hüftproblemen	Vervain	TB/S108
	Der seelischen oder körperlichen Probleme, die verdrängt werden	Agrimony	KT/S115
	Großer Leistungsfähigkeit und extremer Erschöpfung wechseln immer wieder im Leben ab	Olive	SB/S172
Phobien	Als Folge von Schock	Star of Bethlehem	MR/S306
	Hilft, sich dem Angstaus-lösendem zu stellen und gelassener zu werden	Rock Rose	AK/S87
	Klaustrophobie, Agoraphobie, Phobien vor Dingen oder Situationen	Mimulus	MR/S218
Pilzbefall	Generell	Crab Apple	WS/S76
Polio	In der Kindheit	Gorse	SO/S155
Potenz-störungen	Mit Erwartungshaltung, wieder zu versagen	Larch	SO/S151, SB/S150
	Wegen Energieverlust	Olive	WS/S46
	Wegen Gedankenstrom, der nicht gestoppt werden kann	White Chestnut	WS/S46
Prinzipien	Kann keine erkennen oder darauf aufbauen	Chestnut Bud	SB/S82

Gemütszustand	Symptome	Bach-Blüte	Literatur
Prinzipen	Sehr strenge	Rock Water	SO/S169, SS/S170, KN/S40
Projektion	Ihrer Ängste und Sorgen auf andere	Red Chestnut	JB/S27
	Projiziert seinen Groll auf andere	Willow	SB/S255
	Seiner Schwächen und Fehler auf andere, um sie dann leichter kritisieren zu können	Beech	CB/S192
	Selbsthaß, der sich mit Haß nach außen richtet	Holly	PM/S37
	Starke Projektion auf andere mit Unfähigkeit, die eigene Schattenseite zu erkennen	Holly	WS/S86
Prophylaxe	Zur Prophylaxe der Abwehr	Crab Apple	TB/S71
Prüfungsangst	Beginnt in oder kurz vor der Prüfung; Blackout, weil Anforderungen im Moment zu hoch	Elm	KN/S121
	Beginnt Wochen vorher, zweifelt am Erfolg wegen mangelndem Selbstvertrauen	Larch	KN/S121
	Bei normaler	Mimulus	FG/S373
	Bei panischer	Rock Rose	FG/S373
	Erwartet Mißerfolg aufgrund pessimistischer Haltung	Gentian	KN/S121, BM/S54
	Für die Aufregung	Impatiens	BM/S52
	Weil er das Gefühl hat, er sei unfähig; etwas zu leisten	Hornbeam	CB/S216
	Zweifel, was er tun soll, mangelndes Vertrauen in die eigene Meinung	Cerato	KN/S121

Gemütszustand	Symptome	Bach-Blüte	Literatur
Pseudo-Krupp	Bei Anfällen von	Rock Rose	MR(S277
Psoriasis	Gibt eine unsichtbare Schutzhaut bei P.	Aspen	AK/S39
Psycho-pharmaka	Ruhig gestellt mit	Wild Rose	SS/S213
	Verträgt sehr schlecht	Clematis	SB/S96
	Wirkung wird verbessert von	Cherry Plum	BN/S313
Psychose	Drohende, oder bei krankhaften Störungen mit Psychosen	Cherry Plum	BN/S52
Psychoterror	Mit Vorwürfen, Herrschsucht, Gejammer	Chicory	BN/S66
Psychotherapie	zur Unterstützung	Wild Rose	SB/S251
	Wird immer wieder abgebrochen, weil die verdrängten Ängste aufzutauchen drohen	Agrimony	BN/S26
Pubertät	Bei Ziellosigkeit, Unzufriedenheit, Frustration	Wild Oat	BN/S210
	Beim Gefühl des Eingesperrtseins in der Pubertät	Holly	TK/S50
	Beim Gefühl, häßlich zu sein in der Pubertät	Crab Apple	TK/S48
	Hilft, sich natürlich zu geben, wirkt der Scham in Bezug auf Sexualität entgegen	Agrimony	BN/S405
	Stärkt das soziale Selbstwertgefühl	Larch	BN/S405
	Wenn in der Pubertät die sexuellen Triebe wegen anerzogener Moralvorstellungen nicht gelebt werden können und deswegen ein inneres Chaos auslösen	Cherry Plum	ZE/S33

Gemütszustand	Symptome	Bach-Blüte	Literatur
Pubertät	Zur Umstellung, bei hormonellen Problemen	Walnut	BN/S195
Putzfimmel	Vermutet überall Schmutz oder putzt unnötig herum	Crab Apple	BN/S74
Quengeln	Wenn etwas nicht schnell genug geht	Impatiens	GU/S48, DW/S150
	Wenn man nicht im Mittelpunkt der Aufmerksamkeit steht	Heather	GU/S48, DW/S150
Rache	Jahrelange, stille Rachegefühle mit Groll, im Verhalten jedoch formell höflich	Willow	SB/S256
	Rachsucht aus Haß	Holly	SO/S157, SB/S129, KN/S24
Rastlosigkeit	Abgehetzt, mit den Gedanken immer zwei Schritte voraus	Chestnut Bud	KC/S85
	Bei rastlosem Suchen; Hansdampf in allen Gassen	Wild Oat	TK/S97
	Denkt, handelt und spricht schnell	Impatiens	KC/S85
	Gedanklich ständig aktiv	White Chestnut	KC/S85
	Weil zu viele Dinge verlockend und interessant erscheinen	Scleranthus	KC/S85
	Kann Entschluß nicht ohne Bestätigung von außen umsetzen	Cerato	SS/S82
Ratschläge	Aufgebracht, wenn andere ihre Ratschläge ablehnen	Heather	BB/S68
	Drängt anderen seine Ratschläge auf, meint es nur gut	Red Chestnut	CB/S41
	Verlangen ständig Ratschläge, befolgen sie aber nicht	Cerato	BB/S20

Gemütszustand	Symptome	Bach-Blüte	Literatur
Ratschläge	von anderen werden abgelehnt	Vervain	BB/S21
Raubbau	Treibt großen Raubbau an seinen Kräften aus übergroßem Pflichtgefühl	Oak	PV/S80
	Treibt Raubbau an seinen Kräften aus Überbegeisterung	Vervain	SO/S173, SB/S217
Reaktion	Aggressive und gereizte Reaktionen auf kleinste Anlässe	Holly	CB/S137
	Auf schlechte wie auf gute Nachrichten gleich indifferent	Clematis	ST/S65
	Bösartige, mit Haßliebe	Holly	TB/S80
	Extreme, auf Launen anderer, bezieht alles ohne Grund auf sich	Centaury	CB/S133
	Unbeherrschte, oft unberechenbar und aggressiv	Cherry Plum	TB/S61
Rechtfertigung	seiner Gefühle scheinbarer Machtlosigkeit	Willow	SS/S215
Rechthaberei	Kleinkarierte Rechthaberei, Engstirnigkeit, Unverständnis für andere Ansichten	Vine	BN/S191
Rededrang	Aus Bedürftigkeit, nehmen ihr Gegenüber und seine Reaktionen gar nicht wahr	Heather	SS/S1120, SB/S120, KN/S108
	Aus Begeisterung, Übereifer	Vervain	SS/S189, KN/S63
Rehabilitation	Von Drogensüchtigen, segensreiche Wirkung	Cherry Plum	SB/S77
Reisefieber	Generell	Elm	AK/S57
Reise-krankheiten	Bei Angst und Panik vor Flugreisen	Rock Rose	ZE/S31

Gemütszustand	Symptome	Bach-Blüte	Literatur
Reise-krankheiten	Bei Reisekrankheiten per Luft, Schiff, Auto	Scleranthus	SO/S170, SS/S177, SB/S202, KN/S37
Reizbarkeit	Allgemein, weil man sich sehr leicht ärgert	Holly	BN/S406, KC/S85
	Aus Ungeduld	Impatiens	BN/S406
Reizblase	Nervöse, kann emotional nicht loslassen	Agrimony	KN/S73
	Nervöse, wegen unverarbeitetem Trauma	Star of Bethlehem	KN/S127
	Wegen Ängsten	Mimulus	WS/S37
	Wegen Festhalten	Chicory	WS/S37
	Wegen nicht Loslassen von Vergangenem	Honeysuckle	WS/S37
	Wegen Steckenbleiben in einer Krise	Walnut	WS/S37
	Wegen Unsicherheit	Wild Oat	WS/S37
Rekon-valeszenz	Stärkt den Mut, kräftigt	Gentian	BB/S54, TB/S75
	Nach kräftezehrenden Krankheiten	Wild Rose	BN/S215
	Nach totaler körperlicher Erschöpfung, stärkt die Lebenskraft	Olive	IM/S116
Reserviertheit	Mit einem Gefühl der Verachtung und des Stolzes	Water Violet	KB/S53, KN/S56
Resignation	Bei chronischer Erkrankung, vernachlässigt seine Pflege und Behandlung	Wild Rose	MR/S394

Gemütszustand	Symptome	Bach-Blüte	Literatur
Resignation	Bleibt in unglücklicher Ehe oder nimmt Psychopharmaka, ohne etwas zu ändern	Clematis	BN/S72
	Gefühl, es hat alles keinen Zweck mehr	Gorse	SO/S170, SB/S115
	Kommt selbst bei großen Schwierigkeiten nicht in Frage	Oak	SB/S166, KN/S90
	Nach jahrelangem Gefängnisaufenthalt; Überlebenskampf in Armut	Wild Rose	MR/S394
	Nach Verlust eines Kindes, Fehlgeburt	Wild Rose	MR/S394
	Über das Leben, unternimmt keine Anstrengung mehr, daran etwas zu ändern	Sweet Chestnut	FG/S377
	Vor dem Willen eines anderen	Centaury	KB/S53
	Wegen chronischer Krankheit, glaubt nicht an Heilung	Gorse	SO/S155, SB/S115, BN/S88
Resistenz	Gegen alle verschriebenen Heilmittel, beim aktiven, angespannten Typ	Holly	GB/S123
	Gegen alle verschriebenen Heilmittel, beim eher schwachen, verzagten Typ	Wild Oat	GB/S123
	Gegen Therapie bei chronischen Krankheiten	Star of Bethlehem	SO/S171, SB/S205, KN/S129
	Gegen Therapie bei Hypotonie	Wild Rose	SO/S179, KN/S52
	Gegen Therapie bei psychosomatischen Krankheiten	Star of Bethlehem	SB/S205, KN/S129

Gemütszustand	Symptome	Bach-Blüte	Literatur
Resistenz	Gegen Therapie, durch unverarbeiteten Schock	Star of Bethlehem	FG/S404
	Gegen Therapie, wegen innerer Kapitulation	Wild Rose	FG/S404
	Gegen Therapie, wegen Unehrlichkeit	Agrimony	KN/S75
	Gegen Therapie, weil Nutzen aus der Krankheit gezogen wird	Chicory	KN/S97
Respekt	Bei übergroßem Respekt gegenüber Autoritäten oder Amtspersonen	Larch	TB/S87
	Bei akutem Gelenkrheuma	Holly	AK/S65
	Bei rheumatischen Beschwerden in den Knien, im Nacken und Rücken	Water Violet	TB/S113
	Bei Ungeduld, Unruhe, Nervosität, mit Besserung durch Bewegung	Impatiens	BN/S407
	Durch chronische Entzündungen	Crab Apple	BN/S407
	Mit Steifheitssymptomen, wegen mentaler Steifheit und Arroganz	Water Violet	CB/S122
	Mit Verbissenheit, nicht entspannen können, Dauerstreß	Oak	ZE/S87
	Regelmäßig, wegen jahrelangem Groll	Willow	SB/S256
	Wegen starrer, unflexibler geistiger Haltung mit körperlicher Verkrampfung	Rock Water	ZE/S93
	Wegen Verbitterung, mit Autoaggression	Willow	KN/S50
	Wegen Verdrängung	Agrimony	BN/S26

Gemütszustand	Symptome	Bach-Blüte	Literatur
Respekt	Überspielen seiner Probleme wegen Verkrampfungs- und Spannungszuständen, vor allem im Bewegungsapparat	Rock Water	BN/S165
	Weil er auf jemanden sauer ist, grollt, kann nicht verzeihen	Pine	CB/S172
Risiko-bereitschaft	Bei mangelnder R. wegen fehlendem Selbstvertrauen	Larch	TB/S87
	Mangelnde R. mit Angst und Überempfindlichkeit läßt viele Chancen verpassen	Mimulus	ZE/S26
Rivalität	Unter Freunden und Kindern	Holly	TB/S80
	Zwischen Geschwistern, bei selbstsüchtigem Konkurrieren	Chicory	HK/S117
	Zwischen Geschwistern, für jene, denen es schwerfällt, sich zu wehren	Centaury	HK/S117
	Zwischen Geschwistern, hilft, sich aneinander zu gewöhnen und miteinander zu leben	Walnut	HK/S117
	Zwischen Geschwistern, mit Eifersucht und Bösartigkeit	Holly	HK/S117
Romantik	Übertriebene	Clematis	SB/S95
Routine	Fühlt sich den Anforderungen nicht mehr gewachsen wegen zuviel Routine und passiv aufnehmender Geistesarbeit	Hornbeam	WG/S154
Rückfall	In kindliches Verhalten	Centaury	TB/S59
Rücksichts-losigkeit	Gegen andere, setzt seinen Willen durch	Vine	SB/S222
	Gegen sich selbst, aus Pflichtgefühl	Oak	SS/S150, SB/S165, KN/S90

Gemütszustand	Symptome	Bach-Blüte	Literatur
Ruhelosigkeit	Aus Fanatismus	Vervain	LB/S76
	Aus Ungeduld	Impatiens	LB/S76
	Durch extreme innere Schwankungen	Scleranthus	LB/S76
	Quälende, innere, wirkt nach außen jedoch ruhig	Agrimony	SS/S66, KN/S74
Schadenfreude	Aus Neid, innere Befriedigung, wenn anderen etwas zustößt	Holly	SO/S157, SB/S126, LA/S78
	Ist schadenfroh aus Verbitterung	Willow	IM/S176
Scham	Bei Schamgefühl, das mit Schuldgefühlen assoziiert ist	Pine	BN/S408
	Zu viel, mit übertriebenem Reinheitsbedürfnis, besonders im Sexualverhalten	Crab Apple	BN/S408
	Zu viel, weil man sich nicht zu zeigen wagt, wie man wirklich ist und sich gekünstelt benimmt	Agrimony	BN/S408
	Zu wenig, Schamlosigkeit dient als Ventil für emotionalen Überdruck	Cherry Plum	BN/S408
Scheidung	Für Scheidungskinder, die sich nach der Vergangenheit sehnen	Honeysuckle	FS/S57
	Hilft der ganzen Familie, ein neues Leben aufzubauen	Gorse	AK/S61
	Zur Lösung	Walnut	SB/S229
Scheidungs-waisen	Für Kinder, die zwischen den Eltern hin- und hergerissen werden	Gentian	TB/S75
Scheuermann	Generell	Larch	TB/S87

Gemütszustand	Symptome	Bach-Blüte	Literatur
Scheuermann	Bei schüchternen oder unterdrückten Kindern	Larch	BN/S115
Schicksal	Fügt sich in sein Schicksal, z.B. unglückliche Ehe, Krankheit	Wild Rose	SB/S252, KN/S51, TB/S119
	Fühlt sich als Opfer eines bösen Schicksals	Willow	SB/S255, TB/S121
	Schicksalsergebenheit aus Resignation	Wild Rose	SB/S250, LB/S76
	Schweres Schicksal, z.B. Heimkind, Dialyse, Dauerarbeitslose	Gorse	SS/S116, SB/S115
	Übernimmt keine Verantwortung, klagt über sein Schicksal	Willow	SB/S256, KN/S50
Schilddrüsenerkrankung	Bei blockierter Leberenergie und daraus resultierenden Beschwerden	Holly	TB/S80
	Bei Überfunktion	Vine	WS/S120
	Bei Überfunktion mit Nervosität, Unruhe	Impatiens	TB/S85, MR/S198
	Bei Unterfunktion mit Schwäche und permanentem Überforderungsgefühl	Hornbeam und Olive	BN/S410
	Überfunktion mit verbissenem sich unter Druck setzen	Oak	BN/S410
	Überfunktion, als Folge der ständigen mentalen Verausgabung	Vervain	KN/S65, TB/S108
	Überfunktion, mit glänzenden Augen, Nervosität, Unruhe, Zittern, Magerkeit	Cherry Plum	BN/S409
	Unterfunktion, mit Trägheit, Kropf	Clematis	BN/S410, WS/S74

Gemütszustand	Symptome	Bach-Blüte	Literatur
Schilddrüsen-erkrankung	wegen seelischer oder körperlicher Erschütterung	Star of Bethlehem	SO/S171, KN/S129
Schizophrenie	Durch Doppelleben, geben sich nach außen anders, als es in ihrem Inneren aussieht, dadurch sind sie gespalten	Agrimony	BN/S410
	Durch unverarbeiteten Schock	Star of Bethlehem	BN/S410
	Mit Ahnungen und Ängsten, die krankheitsauslösend sein können	Aspen, Mimulus und Rock Rose	BN/S410
	Mit Gedankenzwang	White Chestnut	BN/S411
	Schübe der S. durch fehlgeleitete Meditation	Cherry Plum	TB/S62
	Unterdrückte Gefühle erzeugen einen gefährlichen inneren Druck, der das Bewußtsein stören und aufsplitten kann	Cherry Plum	BN/S410
Schlafbedürfnis	Bei erhöhtem	Olive	TB/S95
Schlaflosigkeit	Aus streßerzeugendem Übereifer	Vervain	BN/S187
	Bei Unruhezuständen und daraus resultierender S.	Red Chestnut	TB/S98
	Bei S. durch Sorgen	White Chestnut	TB/S115
	Durch Erschöpfung	Olive	TB/S95
	Durch innere Anspannung	Vervain	TB/S108
	Häufig an Vollmond	Agrimony	KT/S115
	Mit grundloser Traurigkeit	Mustard	KT/S46
	Wegen Ärger	Holly	KT/S55

Gemütszustand	Symptome	Bach-Blüte	Literatur
Schlaflosigkeit	Wegen Schuldgefühlen	Pine	KT/S55
Schlaf-störungen	Bei Kindern, die nicht gerne alleine einschlafen wollen	Mimulus	TB/S89
	Bei Kindern, wenn Einschlafen nur mit Licht möglich	Aspen	SS/S70, SB/S55
	Furcht vor Alpträumen	Aspen	SS/S70
	Mit innerer Unruhe, wegen verdrängten Sorgen	Agrimony	BN/S26
	Wegen kreisenden Gedanken	White Chestnut	SO/S177, SS/S202, SB/S239, KN/S68
	Wegen Schicht- und Nachtarbeit	Olive	AK/S81
	Wegen Traurigkeit	Mustard	SO/S163
	Wenn man bei nervlicher Anspannung nicht einschlafen kann	Impatiens	TB/S85
Schlafsucht	Aus apathischer Haltung	Clematis	TB/S68
	Mit grundloser Traurigkeit	Mustard	KT/S46
Schlafwandeln	Neigung zum S. und Sprechen im Schlaf	Aspen	SB/S54, TB/S54
Schlaganfall	Akut	Rescue Remedy	BM/S198
	Generell	Rescue Remedy	ZE/S111
	Nach einem	Walnut	SB/S227
Schleuder-trauma	Generell	Star of Bethlehem	MR/S305
Schmerz	Akuter, kann da helfen, wo andere Mittel versagen	Impatiens	BW/S211

Gemütszustand	Symptome	Bach-Blüte	Literatur
Schmerz	Akuter, springt von hier nach dort	Impatiens	CB/S116
	Bei chronischen Schmerzzuständen	Holly	WS/S86
	Bei plötzlichen Spannungs-schmerzen und Krämpfen	Impatiens	TB/S85
	Bei Schmerzen mit Tendenz zu Selbstmitleid	Chicory	BN/S411
	Bei Schmerzen und zur nervlichen Beruhigung	Crab Apple	TB/S71
	Bei streßbedingten Schmerzen durch Verspannung der Rückenmuskulatur	Rock Water	TB/S102
	Bei trotziger Ablehnung von Anteilnahme	Water Violet	BN/S412
	Beim Urinieren	Agrimony	KN/S73
	Gefühl von innerem, seelischem S.	Holly	SB/S129
	Heftige Schmerzen, die bis zum Wahnsinn führen	Cherry Plum	TB/S62
	Im Solarplexus	Rock Rose	SO/S168
	Lang andauernder S. bringt zur Verzweiflung	Cherry Plum	BH/S104
	Leidet oft unter Zuständen schwerer Schmerzen und Krämpfe	Agrimony	BN/S26
	Nach Verletzung	Star of Bethlehem	BN/S412
	Starker	Vine	SO/S174
	Starker, mit Ungeduld, beruhigt	Impatiens	BW/S99

Gemütszustand	Symptome	Bach-Blüte	Literatur
Schmerz	Umherziehender, im ganzen Körper	Scleranthus	KN/S39
Schnarchen	Wegen mentalen Spannungen	White Chestnut	CB/S102
	Wegen Verdrängung seiner Sorgen und Nöte	Agrimony	CB/S128
Schnuller-kinder	Generell	Heather	TB/S78
Schnupfen	Aus Überarbeitung	Oak	WS/S41
	Chronischer	Crab Apple	TB/S71
	Keine Energiereserven mehr	Olive	WS/S41
	Mit Angst und großer Empfindsamkeit	Mimulus	GW/S104
	Mit Überforderungsgefühl	Elm	WS/S41
Schock	Akut	Rescue Remedy	BN/S412
	Bei durch Schockerlebnisse belegter oder sonst gestörter Stimme oder Sprache	Star of Bethlehem	TB/S105
	Bei Schockfolgeerkrankungen, wie Neurosen, Hysterie, Herz-erkrankungen, sexuelle Störungen, Alpträume	Star of Bethlehem	TB/S105
	Bei Todesangst und Panik	Rock Rose	FG/S381
	Folgen von	Star of Bethlehem	SS/S131, SB/S205, KN/S125, GB/S207
Schreck-haftigkeit	Bei alltäglichen Dingen über-zogene Schreckreaktionen	Rock Rose	AK/S87
	Erstarrt vor Schreck	Rock Rose	ZE/S31

Gemütszustand	Symptome	Bach-Blüte	Literatur
Schreck-haftigkeit	Große, mit Ängstlichkeit	Mimulus	KN/S103, TB/S89
	Nach massiven schockartigen äußeren Einwirkungen	Rock Rose	KT/S125
Schüchternheit	Aus Angst, zurückgewiesen zu werden	Larch	FG/S382
	Bei kontaktscheuen und einzelgängerischen Kindern, die schon im Kindergarten oder in der Schule keine Freunde finden	Water Violet	ZE/S67
	Bei nervöser	Mimulus	TB/S89
	Mit geringem Selbstwertgefühl und mangelhafter Selbstachtung	Centaury	TB/S58, IM/S40
	Mit Zaghaftigkeit	Larch	TB/S87
	Mit Zurückgezogenheit, Einzelgänger	Water Violet	KC/S86
	Scheu, zurückhaltend	Mimulus	SO/S162, SS/S142, SB/S156
Schuld	Findet, jemand sei ihm etwas schuldig	Chicory	SS/S94, SB/S91, KN/S97
	Fühlt sich schuldig, wenn er nicht tut, was von ihm erwartet wird	Centaury	FG/S382
	Glaubt, etwas sei seine S.	Pine	SO/S166, SS/S158, SB/S176, KN/S27
	Glaubt, jemand habe aus bewußter Absicht die Schuld an seinem Mißgeschick	Willow	BN/S225

Gemütszustand	Symptome	Bach-Blüte	Literatur
Schuld	Wenn das Umfeld oder die anderen schuld an der Situation zu sein scheinen	Willow	TB/S121
Schuldgefühle	Für Menschen, die durch das Erzeugen von Schuldgefühlen andere manipulieren	Chicory	PM/S30
	Weil man ein nicht erwünschtes Kind ist	Pine	SO/S166
	Weil man nicht das von den Eltern gewünschte Geschlecht hat	Pine	SO/S166, SB/S176
	Wenn die Therapie nicht anschlägt	Pine	SO/S166, KN/S27
Schulschwierigkeiten	Aus Angst, zu versagen	Larch	KN/S120
	Generell	Larch	TB/S87
	Bei Kindern, die Schuldgefühle hegen, weil sie die gesteckten Anforderungen nicht erreicht haben	Pine	HK/S92
	Bei Schulangst	Mimulus	FG/S383
	Bei Überforderung, z.B. durch Schuleintritt oder große Klassen	Elm	FG/S383
	Für Außenseiter, grenzen sich selbst aus, finden andere blöd	Water Violet	FG/S383
	Klassenclown, der die eigenen Fehlleistungen mit Witz und Fröhlichkeit überspielt	Agrimony	FG/S382
	Lernt langsam und macht immer die gleichen Fehler	Chestnut Bud	FG/S382
	Mit Niedergeschlagenheit, weil trotz verzweifelter Bemühung, alles richtig zu machen, seine wiederholten Versuche scheitern	Sweet Chestnut	HK/S92

Gemütszustand	Symptome	Bach-Blüte	Literatur
Schul-schwierigkeiten	Tagträumer, der geistig nicht am Schulgeschehen teilnimmt	Clematis	FG/S383
Schusseligkeit	Durch Zwangsgedanken, die jede Konzentration verhindern	White Chestnut	BN/S414
	Ist leicht ablenkbar	Scleranthus	LB/S76
	Neigt dazu, aus Schusseligkeit Fehler zu machen	Chestnut Bud	ZE/S61
	Träumt vor sich hin, aus Gedankenlosigkeit	Clematis	LB/S76, GU/S52
	Wegen überschießenden Reaktionen, Hektik	Impatiens	LB/S76, GU/S52
Schwäche	Bei allgemeiner, mit leblosem Gesichtsausdruck, das Gewebe ist spannungslos und grau	Olive	TB/S76
	Bei Überforderung, Überbelastung	Elm	FF/S384
	Willensschwäche etwas für sich zu tun, nach langer zehrender Krankheit	Centaury	SB/S67, CB/S58
	Innere Willensschwäche	Centaury	SS/S78, SB/B65, KN/S21
	Kann Schwäche nicht zugeben, gibt sich nie geschlagen	Oak	MR/S236
	Kann seine Schwäche nicht zeigen, meint immer alles fest im Griff haben zu müssen	Sweet Chestnut	ZE/S79
	Nach Viruserkrankung, Cortison oder Antibiotikabehandlung	Crab Apple	CB/S149
	Schämt sich für seine S., weil er erfolglos ist	Larch	CB/S163

Gemütszustand	Symptome	Bach-Blüte	Literatur
Schwäche	Scheinbar unerklärliche S.-Zustände, in Gegenwart anderer	Centaury	KN/S22
Schwanger-schaft	Angst vor der	Aspen	CB/S54
	Bei allgemeiner Erschöpfung in der S.	Olive	TB/S143
	Bei Depressionen in der S.	Gentian	TB/S75
	Bei der Aufarbeitung einer unerwünschten	Star of Bethlehem	TB/S105
	Bei schwieriger S.	Wild Rose	TB/S144
	Bei Übelkeit	Crab Apple und Scleranthus	TB/S144
	Bei Überängstlichkeit in der S.	Red Chestnut	TB/S98
	Bei unerklärlicher Müdigkeit in der	Hornbeam	TB/S143
	Bei Ungeduld oder Gereiztheit in der	Impatiens	TB/S143
	Bei vorzeitigen Wehen, für Gelassenheit bis zur Geburt	Impatiens	BF/S48
	Mit Sorge um das Kind	Red Chestnut	BN/S414
	Stimmungsschwankungen der werdenden Mutter	Scleranthus	CB/S68
	Wenn man das Gefühl hat, die Verantwortung allein tragen zu müssen	Elm	TB/S143
	Zur Umstellung und Selbstfindung	Walnut	BN/S414

Gemütszustand	Symptome	Bach-Blüte	Literatur
Schwanger-schaftsabbruch	Generell	Scleranthus	TB/S103
	Wurde von den Eltern erwogen	Pine	SO/S166
Schwanger-schafts-erbrechen	Generell	Scleranthus	SO/S170, KN/S39
	Hilft, das werdende Leben in sich mit allen Konsequenzen anzunehmen	Willow	AK/S111
Schweiß-ausbrüche	Bei S. und Kniezittern als Reaktion auf einen Schock	Rock Rose	TB/S99
	Mit Herzrasen	Impatiens	TB/S85
	Starke S. mit oder ohne Zittern	Aspen	TB/S54
	Starkes Schwitzen während der Nachtruhe	Aspen	GW/S68
Schwermut	Durch Verbitterung	Willow	LB/S76
	Tiefe, unerklärliche	Mustard	SB/S161, KN/S117
	Wegen Auswegslosigkeit	Gorse	LB/S76
Schwierig-keiten	Führt einen harten, pflichtbewußten Kampf gegen die Schwierigkeiten des Daseins bis zur Erschöpfung	Oak	WG/S250
	Gibt nicht auf bei S.	Oak	IH/S32
	Hat immer die gleichen S.	Chestnut Bud	IH/S32
	Ist leicht entmutigt bei S.	Gentian	IH/S32
	Verbirgt seine S. hinter einem beherrschten Gesicht und behauptet, es gehe ihm gut	Agrimony	PM/S24

Gemütszustand	Symptome	Bach-Blüte	Literatur
Schwindel	Bei Schwindel und Gleichgewichtsstörungen	Scleranthus	TB/S103
Seekrankheit	Generell	Scleranthus	SS/S177, KN/S39
Seelenqualen	Bei S.; die dunkle Nacht der Seele	Sweet Chestnut	TB/S107, MR/S313
Seelenschmerz	Tiefster	Mustard	SB/S159
Sehstörungen	Körper drückt so das mangelnde Interesse an der Außenwelt aus	Clematis	KN/S116, WS/S74
Sektierertum	Mit Fanatismus, andere von ihrer Botschaft zu überzeugen	Rock Water	KN/S40
Selbstachtung	Grundsätzlicher Mangel an, erlauben anderen nicht nur Kränkungen, scheinen sie zu brauchen	Centaury	PM/S27
Selbst-aufopferung	Aus starkem Verantwortungsgefühl mit Unnachgiebigkeit	Oak	BN/S414
	Bei Persönlichkeits- und Willensschwäche	Centaury	BN/S414
	Will sich andere damit verpflichten	Chicory	BN/S414
Selbst-bewußtsein	Für ewige Zweifler, die keine eigenen Entscheidungen treffen können	Cerato	FG/S387
	Schwaches S., weil man im Leben oft enttäuscht oder verletzt wurde	Holly	CB/S137
	Ungenügendes S., durch zu wenig Selbsterkenntnis	Walnut	BN/S416
	Ungenügendes S., mit Minderwertigkeitsgefühl	Larch	BN/S416
	Ungenügendes S., mit Tendenz, sich zu unterwerfen	Centaury	BN/S415

Gemütszustand	Symptome	Bach-Blüte	Literatur
Selbst-bewußtsein	Wenn man sich abstoßend und ekelhaft findet	Crab Apple	FG/S387
Selbst-bezogenheit	Extreme Form von	Heather	SB/S121, WG/S202
Selbstdisziplin	Als Leitmotiv des Lebens	Rock Water	LB/S77
Selbst-entfremdung	Bei Unklarheit über den eigenen Lebenssinn	Wild Oat	BN/S416
	Durch Verdrängung und Heuchelei	Agrimony	BN/S416
Selbst-gespräche	Innerlich	White Chestnut	SO/S177, SB/S238, KN/S68
	Stumme oder hörbare	White Chestnut	MR/S369, LB/S77
Selbstkritik	Stellt seine Leistungen ständig in Frage durch S.	Hornbeam	BN/S108
Selbstliebe	Fehlende S. versucht man durch Aufmerksamkeit von außen zu ersetzen	Heather	PV/S93
	Fehlende S., weil die Mutter keine Liebe oder Nähe geben oder zeigen konnte	Crab Apple	CB/S150
Selbstmitleid	Generell	Wild Rose	TB/S119
	Das Leben war schlecht zu mir	Willow	SB/S255, KN/S49
	Für Menschen, die sich nur um sich selbst drehen und sich bemitleiden	Heather	FG/S389
	Keiner liebt mich	Chicory	SB/S91, BH/S196
Selbstmord	Gefährdet aus Todessehnsucht oder bei Einnahme von Drogen	Clematis	GU/S53

Gemütszustand	Symptome	Bach-Blüte	Literatur
Selbstmord	Gefährdet durch depressive Verstimmung	Mustard	GU/S53
	Ist gefährdet aus Verzweiflung	Sweet Chestnut	GU/S53
	Selbstmordgefahr, aus emotionalem Überdruck	Cherry Plum	BN/S52, GU/S53
Selbstmord-versuch	Aus Resignation, so geplant, daß es sicher klappt	Wild Rose	KN/S96
	Kurzschlußhandlung, keine Planung	Cherry Plum	KN/S96
	Um andere zu erpressen, so geplant, daß er rechtzeitig gefunden wird	Chicory	KN/S96
Selbst-ständigkeit	Verzögerte Entwicklung der Selbstständigkeit, Kinder können erst spät Schuhe binden...	Cerato	KS/S46
Selbst-verachtung	Für Menschen, die sich wegen ihrer Schwäche selbst verachten, weil sie sich nicht durchsetzen können	Centaury	HF/S20
Selbst-vergewaltigung	Mit Selbstquälerei, Fanatismus	Rock Water	BN/S163
Selbst-verneinung	Kann weder seinen Körper, mit all seinen kleinen Fehlern noch seine Gemütsnatur, mit all ihren Unzulänglichkeiten, noch seine Vergangenheit akzeptieren	Crab Apple	PM/S33
Selbst-vertrauen	Bei Mangel an	Larch	SB/S150, KN/S119
	Stärkt das Selbstvertrauen und hilft, daß man sich während Neubeginnphasen selbst treu bleibt	Walnut	HH/S81
Selbstvorwürfe	Macht sich ständig S.	Pine	CB/S171

Gemütszustand	Symptome	Bach-Blüte	Literatur
Selbst-wahrnehmung	Mangelnde S.; spürt seinen Körper nicht richtig oder die Situation, in der er sich befindet, kann er nicht richtig einschätzen	Chestnut Bud	TB/S64
Selbst-wertgefühl	Mangelndes S., mit Gutmütigkeit	Centaury	BN/S42, ZE/S70
	Mangelndes S., vergleicht sich ständig mit anderen	Heather	BN/S94
	Schwaches S., mit Ablehnung, Herabsetzung anderer	Crab Apple	CB/S151
Selbstzweifel	An der eigenen Urteilskraft	Cerato	TB/S60
Sentimentalität	Kann sich schwer von Orten, Freunden, erlebten Gefühlen trennen	Honeysuckle	SO/S158, SB/S132, KN/S101
Seufzerzwang	Aus Übermüdung erscheint das Leben als Last	Hornbeam	KT/S113
Sexualität	Darf sich keine Lust erlauben, erfindet negative Gründe, Sex sei unappetitlich und tierisch	Pine	CB/S172
	Durch schlechte Erfahrungen verursachte Sexualstörungen	Star of Bethlehem	GU/S54, BM/S78
	Hingabeproblem, bei Angst, aus sich herauszugehen	Rock Water	BN/S165, BM/S77
	Probleme bei Männern, mit Angst, nicht potent genug zu sein	Larch	CB/S163
	Probleme mit der Sexualität, moralisch bedingte	Pine	BN/S147
	Schwache, reduzierte	Wild Rose	BN/S218
	Schwierigkeiten im sexuellen Bereich	Wild Oat	SO/S178, SB/S246

Gemütszustand	Symptome	Bach-Blüte	Literatur
Sexualität	Sexuelle Apathie, Frigidität, keine Lust	Wild Rose	MR/S394
	Störungen in der Sexualität, wegen Gefühl, sie sei etwas Schmutziges	Crab Apple	KN/S43
	Störungen, als Folge von körperlichem oder seelischem Schock	Star of Bethlehem	KN/S129
	Unterdrückung bei starkem Trieb führt zu Psychosen	Cherry Plum	BN/S421
	Wenn der Gedanke an Sex ermüdend ist, bei Männern	Hornbeam	BM/S78
Sinnlosigkeit	Weil das Lebensziel noch nicht gefunden wurde	Wild Oat	KC/S87
	Weil man schon vieles probiert hat, erscheint alles sinnlos	Gorse	KC/S87
Skepsis	Aus Enttäuschung	Gentian	SS/S113, KN/S46
Skrupellosigkeit	Rücksichtslos und unnachgiebig	Vine	KT/S59, KC/S87
Sonnenstich	Generell	Rock Rose	MR/S277
Sorgen	Innerlich, über Krankheit, Geld, Beruf	Agrimony	SB/S47
	Interessiert sich ausschließlich für seine eigenen Sorgen	Heather	HF/S27
	Krankhafte Sorgen um andere, mit neurotischem Mitleid	Red Chestnut	BN/S152
	Mehr um das Wohlergehen anderer, als um das eigene	Red Chestnut	SO/S167, SS/S162, SB/S182
	Sorgt sich mehr um ein belangloses Symptom als um seine schwere Krankheit	Crab Apple	HF/S24

Gemütszustand	Symptome	Bach-Blüte	Literatur
Sorgen	Verborgen hinter Fassade von Fröhlichkeit	Agrimony	SO/S143, SB/B47, KN/S73
	Wenn die Sorgen nicht mehr aus dem Kopf gehen	White Chestnut	FG/S393
Spontanität	Fehlen jeglicher S., wegen übertriebener Selbstkontrolle	Rock Water	MR/S287
	Fehlende	Hornbeam	EB/S15
	Spontane Reaktionen fallen schwer	Cerato	LB/S77
Sprach-hemmung	Durch Schock, Ärger, es hat die Sprache verschlagen	Star of Bethlehem	EB/S78
Stauung	In den Beinen	Chicory	TB/S66
Sterben	Bei extremer Seelenqual, von Gott abgeschnitten	Sweet Chestnut	KB/S67
	Bei sinnloser innerer Auflehnung gegen das Sterben	Oak	ZE/S118
	Beim Sterben; hilft, sich leichter vom vergänglichen Teil des Daseins zu lösen	Honeysuckle	SB/S133, KN/S101
	Gegen Angst vorm Sterben, vor allem, daß das Ich völlig vernichtet wird	Rock Rose	KB/S67
	Gegen panische Angst vor dem Tod	Rock Rose	ZE/S118
	Gegen Resignation und Hoffnungslosigkeit beim Sterben	Gorse und Wild Rose	ZE/S118
	Hat beim Sterben Bitterkeit und Groll gegenüber anderen, will die Verantwortung für sein Leben nicht übernehmen	Willow	KB/S67

Gemützustand	Symptome	Bach-Blüte	Literatur
Sterben	Im Sterbeprozeß	Sweet Chestnut	WS/S116
	Um beim Sterben zu vergeben und Frieden zu schließen	Holly	KB/S67
	Wenn andere sich zu eng anklammern, der scheidenden Seele nicht erlauben, sich zu lösen	Walnut	KB/S67
Sticheln	Um andere zu verletzen, aus unterdrücktem Rachegefühl	Willow	KN/S50
Stillen	Abscheu vor dem Stillen	Crab Apple	ST/S69, TB/S71
	Für Frauen, die sich weigern, das Stillen auch nur zu versuchen	Vine	HK/S54
	Für Frauen, die sich selbst vor ihrem Baby scheuen, ihre Brüste zu entblößen	Water Violet	HK/S54
	Milchstau	Chicory	BF/S48
Stimmband-reizungen	Generell	Vervain	WS/S118
Stimmbruch	Generell	Larch	TB/S151, TK/S50
Stimme	Ausdruckslos, fast monoton	Wild Rose	CB/S105
	Hört nicht auf seine eigene innere S.	Cerato	TB/S61
	Verhältnismäßig leise, der Zuhörer muß sich konzentrieren, um etwas zu verstehen	Cerato	CB/S52
	Versagen der Stimme, leichte Heiserkeit	Star of Bethlehem	SO/S171
Stimmung	Pessimistische, wegen Enttäuschung	Gentian	FG/S398

Gemütszustand	Symptome	Bach-Blüte	Literatur
Stimmung	Plötzliche unmotivierte Stimmungsschwankungen	Vervain	KT/S111
	Wechsel von einem Moment zum anderen, „himmelhoch-jauchzend-zu-Tode-betrübt“	Scleranthus	SO/S170, SB/S202, KN/S37
	Wird verdorben, weil jemand ungerecht oder schlecht gelaunt war	Centaury	CB/S134
	Zwanghafte Fröhlichkeit	Agrimony	FG/S398
Stoffwechsel-krankheiten	Generell	Wild Rose	WS/S130
Stolz	Aggressiver	Vine	CB/S219
	Bei Problemen, den eigenen Stolz zu überwinden	Water Violet	TB/S113
	Ist aus Stolz distanziert und zurückhaltend	Water Violet	KB/S54, KN/S56, BN/S200
	Ist für ihn ein Schutzschild, weil er es nicht erträgt, nicht perfekt zu sein	Beech	CB/S192
	Ist stolz auf seine konsequente Lebensführung	Rock Water	HF/S35
	Mit innerer Verhärtung, kann nicht einmal mehr beten	Sweet Chestnut	CB/S182
	Möchte für seine Vorzüge oder Verdienste bewundert werden	Heather	GU/S55
Stottern	Aufgrund muskulärer Koordinationsstörung	Scleranthus	BN/S425, ZE/S118
	Aus Ängstlichkeit mit innerer Anspannung	Mimulus	SB/S156
	Bei Kindern, Energie kommt stoßweise zum Ausdruck	Cherry Plum	CB/S33, LA/S32

Gemütszustand	Symptome	Bach-Blüte	Literatur
Stottern	Bei Stottern durch Übereifer, bei Kindern, die sich in den Vordergrund spielen, um beachtet zu werden	Heather	ZE/S118
	Bei Stottern und Sprachversagen als Reaktion auf einen Schock	Rock Rose	TB/S99
	Durch Nervosität	Impatiens	BN/S425, ZE/S118
	Durch psychisches Trauma, Schock	Star of Bethlehem	BN/S425, ZE/S118
	Für Kinder, die Schüchternheit und Furcht verbergen und durch die Anstrengung stottern	Agrimony	HK/S105
	mit Mangel an Selbstvertrauen	Larch	SO/S161, KN/S120, TB/S87
	Schützt vor Fremdeinflüssen und hilft dem Kind, dem Druck von außen standzuhalten	Walnut	HK/S104
Strenge	Aus Prinzip	Rock Water	SS/S172
	Bei überkritischen Menschen, die sofort Fehler an anderen entdecken	Beech	FG/S399
	Durch Strenge und zwanghafte Lebenseinstellung versagt man sich viele Freuden und Vergnügungen	Rock Water	WG/S276
	Ist äußerst streng, um andere zu beherrschen	Vine	KN/S33
Streß	Aus selbstauferlegtem Leistungszwang, erzeugt Bluthochdruck, Schlaganfall oder Herzinfarkt	Elm	BN/S79

Gemütszustand	Symptome	Bach-Blüte	Literatur
Streß	Bei funktionellen Störungen durch Dauerstreß	Vervain	TB/S108
	Beruflicher Streß, führt zu Krankheiten	Chestnut Bud	SB/S82
	Durch Enthusiasmus, Maßlosigkeit, Übereifer	Vervain	BN/S185
	Durch Ungeduld, Frustration, Gereiztheit	Impatiens	KB/S63
	Emotionaler Streß, arbeitet übergewissenhaft	Pine	SB/S178, LA/S93
	Für Arbeitstiere, die sich aus übertriebenem Pflichtbewußtsein unter Streß setzen	Oak	FG/S400, BN/S426
	Während großen Veränderungssituationen	Walnut	SB/S225, SB/S229
	Weil die äußere Anforderung im Moment zu hoch ist	Elm	KT/S55
Sturheit	Durch nichts beeinflußbar	Oak	LB/S77
	Mit geistiger Unbeweglichkeit oder intolerantem Bevormunden	Vine	BN/S190
	Reagiert mit Sturheit, hat verhärtete Gedanken und ist hartnäckig	Rock Water	CB/S203
Suche	Immer auf der	Wild Oat	SS/S206, SB/S244, KN/S35
	Nach Antworten in der Außenwelt	Cerato	FG/S401
Sucht	Bei Spielern, lebensfremder Religiosität, Alkohol, Drogen	Clematis	BN/S69
	Erfolgssucht, mit sturer Gewalt und ohne Rücksicht auf sich	Oak	BN/S136

Gemütszustand	Symptome	Bach-Blüte	Literatur
Sucht	Kann gewohnheitsmäßiges, sich wiederholendes Handeln nicht durchbrechen	Chestnut Bud	KB/S65
	Mit destruktiven Zügen, bei Alkoholikern Volltrunkenheit, da sowieso alles sinnlos	Wild Rose	KT/S63
	Nach Abenteuern	Chestnut Bud	TB/S64
	Nach Fernsehen	Chestnut Bud	TB/S64
	Nach Genuß, extravaganten Autos, Mode, Reisen	Wild Oat	KN/S35
	Nimmt Drogen zur Aufhellung, verbirgt seine wahren Gefühle	Agrimony	KB/S65, KN/S73
	Wenn die Sucht dazu dient, die dauernde innere Spannung zu nehmen, bei Angst, durchzudrehen	Cherry Plum	FG/S401
Suizid	Siehe Selbstmord		
Sünde	Bei religiösen und irrationalen Ängsten vor dunklen Mächten und Sünde	Aspen	FG/S402
	Glaubt, Sexualität sei eine Sünde	Pine	SB/S179, KN/S28
Sündenbock	Bei Kindern, nehmen ungerechtfertigte Strafen widerspruchslos hin	Pine	SB/S175
Sunnyboy	Spielt den Sunnyboy, um angenommen zu werden	Agrimony	CB/S127
Symbiose	Bei einer zu engen, symbiotischen Beziehung	Red Chestnut	ZE/S35

Gemütszustand	Symptome	Bach-Blüte	Literatur
Tadel	Nimmt sich Tadel sehr zu Herzen und macht ihn gewichtiger, als er gemeint war	Pine	TB/S95
Taubheit	Plötzliche	Rock Rose	JB/S26
Taubheitsgefühle	Im Körper	Wild Rose	WS/S130
Teilen	Kann nicht teilen, es fällt sehr schwer, etwas herzugeben	Chicory	CB/S198
	Übermäßige Hilfsbereitschaft, läßt sich ausnutzen	Centaury	FG/S403
Temperamentsausbrüche	Mit Aggressivität	Holly	BN/S427
	Überschießende Reaktionen, aus Ungeduld	Impatiens	LB/S77
	Unbeherrschte	Cherry Plum	SB/S77
Ticks	Bei Kindern mit überschießenden Emotionen	Impatiens	AK/S71
	Bei Ticks und nervösen Zuckungen	Vervain	TB/S108
	Nervöse und unkontrollierte Zuckungen bei Kindern	Cherry Plum	KB/S49, AK/S47
Tobsuchtsanfälle	Bei Kindern, weil sie ihren Willen nicht bekommen	Vine	PV/S38
Todesangst	Nach lebensgefährlichen Situationen, vor lebensbedrohlichen Krankheiten	Rock Rose	KT/S119
Todessehnsucht	Mit grundloser Traurigkeit	Mustard	KT/S46
	Um mit einem Verstorbenen wieder zusammenzusein	Clematis	SB/S95

Gemütszustand	Symptome	Bach-Blüte	Literatur
Trauer	Bei tiefer, seelischer Trauer, auch bei Abschied oder Todesfällen geliebter Menschen	Sweet Chestnut	TB/S106
	Durch Trauer ist das Bewußtsein nicht in der Gegenwart	Clematis	SB/S96
	Gefühl der stillen Trauer, aufgrund vergangener, schockierender Erlebnisse	Star of Bethlehem	SS/S178, SB/S207, KN/S125
	Grundlos, von einem Moment zum anderen	Mustard	SS/S146, SB/S161
	Kollektive T. wird aufgenommen	Mustard	SS/S149
	Unterschwellige	Wild Rose	SS/S210, SB/S252
	Unterstützt die wichtige Trauerarbeit, vor allem auch bei Kindern und Jugendlichen	Honeysuckle	AF/S130
	Versinkt in Trauer, verliert immer mehr den Kontakt zu seiner Lebensrealität	Honeysuckle	BN/S102
	Wegen Zerstörung der Natur	Mustard	SS/S149
Trauma	Zur Rückerinnerung und Aufarbeitung traumatischer Erlebnisse	Star of Bethlehem	TB/S105
	Von schweren Operationen, noch nach Jahren	Star of Bethlehem	SO/S171
Träume	Kann sich an keine erinnern	Cerato	SB/S72
	Lebt in einer Traumwelt	Clematis	SS/S100, SB/S94, KN/S113
Traurigkeit	Durch fehlendes oder zuwenig Sonnenlicht	Mustard	TB/S91
Trennen	Wenn man sich nicht von Orten und Dingen trennen kann	Honeysuckle	TB/S82

Gemütszustand	Symptome	Bach-Blüte	Literatur
Trost	Bedürftigkeit nach Trost, bei Abhängigkeit von anderen	Chicory	BN/S431
	Bei Ablehnung von Trost mit Vereinsamung	Water Violet	BN/S431
	Für die Seele	Star of Bethlehem	SO/S171, SB/S205
	Kann keinen Trost annehmen	Star of Bethlehem	SO/S171, TB/S103
Trotzalter	Eigensinnig, setzt sich wider besseres Wissen über Regeln hinweg	Chestnut Bud	KT/S130, KB/S51
Trotzanfälle	Bei Kindern; häufig nach der Geburt von Geschwistern	Holly	SO/S157, SB/S129
	Bei Kindern, mit Wutanfällen, wenn ein Wunsch abgelehnt wird	Impatiens	CB/S116
Trotzphase	Mit Launenhaftigkeit	Holly	TB/S80
Tyrann	Gefühlstyrann, will Zuwendung erpressen	Chicory	KC/S88
	Kinder tyrannisieren ihre Eltern	Vine	PV/S38
	Tyrannisiert andere mit seiner Überempfindlichkeit	Mimulus	KC/S88
	Zu Hause	Vine	SB/S222, KN/S33
Überaktivität	Generell	Impatiens	TB/S85
	Bei Kindern, besonders abends	Vervain	SO/S173, SB/S217
	Bei mentaler Ü.	White Chestnut	TB/S115
	Innere Ü. des Denkapparates	White Chestnut	SB/S241, KN/S68

Gemütszustand	Symptome	Bach-Blüte	Literatur
Überaktivität	Mit Unfähigkeit, sich zu entspannen	Vervain	KN/S65
Überanpassung	Zwanghafte, um Bestrafung und Schuldgefühl zu entgehen	Pine	BN/S15
Über-anstrengung	Bei geistig-seelischer, mit Ermüdung	Hornbeam	TB/S83
	Nach Hausbau, langer Stillzeit, Umzug, Krankenhausaufenthalt	Olive	PV/S79
Übereifer	Durch Pedanterie	Beech	LB/S79
	Setzt sich hundertfünfzigprozentig für eine gute Sache ein	Vervain	SO/S173, SS/S186, SB/S217, KN/S63
Überempfindlichkeit	Aus Gekränktheit	Holly	SO/S184
	Gegen Beeinflussung, verhilft zu einem dickeren Fell	Walnut	BN/S432
	Gegen grelles Licht, lautes Sprechen, starke Gerüche, Widerspruch	Mimulus	SB/S156, KN/S103
	Gegen Herabsetzung, fühlt sich wegen Minderwertigkeitsgefühl durch abschätzige Behandlung besonders getroffen	Larch	BN/S432
	Gegen Kritik, löst sofort schlechtes Gewissen aus	Pine	BN/S432
	Gegen Lieblosigkeit, bei übertriebenem Bedürfnis nach Zuwendung	Chicory	BN/S432
	Gegen Mißachtung, bei übertriebenem Geltungsbedürfnis	Heather	BN/S432
	Gegen Persönlichkeiten mit stärkerer Willenskraft	Centaury	SO/S184

Gemütszustand	Symptome	Bach-Blüte	Literatur
Überempfind-lichkeit	Gegen Schmerzen	Agrimony	BN/S23
	Gegenüber allem, was die Harmonie stören könnte,	Agrimony	SO/S184, KN/S73
	Gegenüber Kritik durch andere	Beech	FG/S408
	In Bezug auf Krankheiten, wenn ein kleiner Schnupfen den Menschen völlig aus der Bahn wirft	Mimulus	TB/S89
	In psychischen und physischen Umwandlungsphasen, z.B. beim Zahnen, Klimakterium, Umzug	Walnut	SO/S184, SB/S229
	Tyrannisiert, ohne es zu wollen, seine Mitmenschen mit seiner Überempfindlichkeit	Mimulus	ZE/S26
	Wenn jemand durch unerfreuliche Erlebnisse zu leicht erschüttert wird	Star of Bethlehem	BN/S432
	Wittern hinter einer harmlosen Bemerkung gleich eine Beleidigung und sind eingeschnappt	Holly	ZE/S74
Überforderung	Bei eingebildeter Überforderung	Hornbeam	BN/S432
	Bei Menschen, die sich ausbeuten lassen und nicht nein sagen können	Centaury	FG/S409
	Chronische Ü. mit streßerzeugendem Übereifer	Vervain	BN/S187
	Durch mangelndes Selbstvertrauen	Larch	BN/S433
	Durch Studium oder Lesen mit Ermüdung	Hornbeam	TB/S82
	Gefühl der Überforderung mit drohendem Zusammenbruch	Elm	BN/S77

Gemütszustand	Symptome	Bach-Blüte	Literatur
Überforderung	Vorübergehende Überforderung mit verzerrter Perspektive	Elm	SB/S106
	Wenn man sich von der Last des Tages überfordert fühlt	Hornbeam	FG/S409
Übergewicht	Schützt vor Rückfällen in alte, unvernünftige Verhaltensmuster	Chestnut Bud	ZE/S119
	Weil nach jeder Fastenkur alles wieder angefuttert wird	Agrimony	KN/S74
	Wenn Zeit mit der Überlegung vergeudet wird, ob man eine Diät anfangen soll oder nicht	Scleranthus	BM/S220
Überheblich	Wird von anderen als überheblich empfunden	Water Violet	SB/S234
Überlegen-heitsgefühl	Mit Gefühl der Isolation	Water Violet	SO/S176, SB/S232, KN/S54
Übermüdung	Durch zuviel Fernsehen oder Lesen	Hornbeam	TB/S33
Überschätzung	Der eigenen Kräfte	Olive	SS/S156
Übersinn-lichkeit	Übersinnliches Wahrnehmungs-vermögen mit tiefer Angst	Aspen	PV/S108
Übertreibung	Eltern geben bei Bagatellbe-schwerden gleich starke Medikamente	Red Chestnut	KN/S100
	Gefülsmäßige Übertreibung beim Reden, braucht Publikum	Heather	EB/S79, KN/S108
	In der Schilderung seiner Misere	Chicory	SB/S91
	In seinem Streben, allen zu zeigen, wie unabhängig und selbstständig man ist	Impatiens	CB/S115

Gemütszustand	Symptome	Bach-Blüte	Literatur
Übertreibung	Schon bei der kleinsten Krankheit große Angst mit Übertreibung der Schwere ihrer Krankheit	Heather	ZE/S108
Überzeugen	Läßt sich gegen seinen Willen zu weiteren Therapieversuchen überzeugen	Gorse	SB/S117
	Will andere überzeugen	Vervain	SO/S173, SS/S186, KN/S63
	Ist überzeugt von seiner eigenen Unfähigkeit	Larch	SB/S148, KN/S119
	Ist überzeugt von seiner haushohen Überlegenheit	Vine	ZE/S98
	Starre Überzeugung mit geistiger Unbeweglichkeit	Vine	BN/S190
Unachtsamkeit	Häufige	Impatiens	TB/S85
Unaufmerk-samkeit	Im Gespräch, stellt immer wieder die gleichen Fragen	Chestnut Bud	SS/S90
Unaufrich-tigkeit	Für Scheinharmonie	Agrimony	SS/S66, KN/S73
Unausge-glichenheit	Extreme Ruhelosigkeit	Scleranthus	LB/S78
Unbehagen	Grundloses	Aspen	SS/S70
Unbeholfenheit	Ist unpraktisch	Clematis	LB/S78
	Wirkt hölzern	Larch	LB/S78
Unbeugsamkeit	Sture, überhebliche, verrennt sich in einen Machtkampf mit seinem Schicksal	Sweet Chestnut	BN/S181
Undankbarkeit	Fordert, ist nicht bereit, zu geben	Willow	SB/S259

Gemütszustand	Symptome	Bach-Blüte	Literatur
Undankbarkeit	Für Menschen, die nie genug bekommen und immer das Gefühl haben, zu kurz zu kommen	Chicory	BN/S434
Unehrlichkeit	Mit nach außen gespielter Unbekümmertheit oder Lustigkeit	Agrimony	BN/S23
Unentschlossenheit	Durch Unklarheit, Sinnlosigkeit	Wild Oat	BN/S210
Unfähigkeit	aus den eigenen Erfahrungen zu lernen	Chestnut Bud	KT/S130
Unfälle	Bei Neigung zu Unfällen durch Unaufmerksamkeit, Verträumtheit	Clematis	GB/S88
	Bei Wiederholung von Unfällen nach dem gleichen Muster	Chestnut Bud	TB/S64
	Erleidet leicht Unfälle durch seine Impulsivität	Impatiens	GB/S139
	Sehr viele	Willow	SO/S180
Ungeduld	Fehlt vollkommen, duldet still, bis zur Erschöpfung	Centaury	PV/S29
	Leicht gereizt, überschießende Reaktionen	Impatiens	SO/S160, SB/S144, KN/S85
	Weil in Gedanken immer einen Schritt voraus und ohne Interesse an der aktuellen Situation	Chestnut Bud	TB/S63
Ungerechtigkeit	Ist ihm unerträglich	Vervain	KT/S110
Unglück	Erwartung von Unglück	Red Chestnut	FH/S66
	Inneres Gefühl von Unglück, weiß nicht immer, warum	Holly	SB/S129
	Scheint es förmlich anzuziehen	Willow	SO/S180

Gemütszustand	Symptome	Bach-Blüte	Literatur
Unglücklich-sein	Unglücklich, weil man sich zurückgesetzt fühlt	Chicory	LB/S78
	Verschreibt sich willentlich dem Unglücklichsein, akzeptiert die Umstände, die dazu führen	Wild Rose	CB/S105
	Wegen Familienproblemen	Heather	LB/S78
	Wegen unerträglich scheinender Lebenssituation, Kummer	Star of Bethlehem	BN/S173
Unheimlich	Für unheimliche Gefühle	Aspen	BN/S435
Unklarheit	Über seinen Weg, seinen Lebenssinn	Wild Oat	BN/S435
Unnatürlich	Wirkt gekünstelt	Agrimony	IH/S35
Unordnung	Kann U. nicht ertragen	Crab Apple	SB/S100
Unpünkt-lichkeit	Immer wieder	Chestnut Bud	SS/S92
Unrast	Innere	Vervain	SS/S186, SSB/S217
Unruhe	Innere, aus Überforderung, Streß	Vervain	KN/S65
Unselbst-ständigkeit	Auf fremde Hilfe angewiesen	Centaury	LB/S79
	Bei Kindern mit mangelndem Selbstbewußtsein	Larch	DW/S154
	Bei Kindern mit schwacher Persönlichkeit	Centaury	DW/S154
	Macht jede Mode mit	Cerato	TB/S60
	Mit Gutmütigkeit, Schüchternheit	Centaury	BN/S40
	Wegen unterentwickeltem Selbstbewußtsein	Cerato	LB/S79

Gemütszustand	Symptome	Bach-Blüte	Literatur
Unsicherheit	Aus Unfähigkeit, Neues umzusetzen	Walnut	LB/S79
	Bei Entscheidungen über Schule, Beruf oder Wohnort	Wild Oat	TB/S117
	Durch Unentschlossenheit	Scleranthus	BN/S437
	Innere U., mit fehlendem Zutrauen in die eigene Meinung	Cerato	SO/S253, KN/S31, BN/S48
	Ist unsicher in seinem Auftreten wegen mangelndem Selbstwertgefühl	Larch	ZE/S76
	Über den eigenen inneren Standort	Wild Oat	SS/S206
	Wegen neuem Team oder neuen Geräten am Arbeitsplatz	Chestnut Bud	AK/S49
	Wegen unterentwickeltem Selbstbewußtsein	Cerato	LB/S79
	Wegen Zweifel, Mißtrauen	Gentian	SS/S110
	Wenn jemand seine Ideen ablehnt oder in Frage stellt	Vervain	CB/S208
	Wird überspielt, hilft, auch einmal seine Unsicherheit zu zeigen	Agrimony	BN/S437
Unterdrückung	Vitaler Bedürfnisse	Rock Water	SO/S169
Unterscheidungskraft	Nicht entwickelte, deswegen immer wieder Enttäuschung	Centaury	CB/S132
Unterwürfigkeit	Unterwirft sich den Normen und Regeln der Gesellschaft	Centaury	MR/S61
	Wegen mangelnder Selbstbehauptungskraft	Centaury	BN/S40
Unterzucker	Neigung zu	Honeysuckle	WS/S88

Gemütszustand	Symptome	Bach-Blüte	Literatur
Unwohlsein	Bei Unwohlsein nur am Wochenende	Oak	TB/S92
Unzufriedenheit	Aus Unersättlichkeit, vor allem an Gefühlszuwendungen	Chicory	BN/S438
	Bei Krankheit mit Unleidlichkeit, weil Schwäche nicht in sein Bild von sich paßt	Oak	ZE/S87
	Durch Mißerfolg, gibt neue Motivation	Gentian	BN/S438
	Mit Frustriertheit, weiß nicht immer warum	Holly	SB/S129
	Mit sich selbst	Pine	AK/S83
	Ohne erkennbaren Grund	Mustard	BN/S438
	Weil man seine Lebensaufgabe nicht findet	Wild Oat	SO/S178, SS/S206, SB/S244, KN/S35
Unzulänglichkeit	Gefühl der	Elm	SS/S106, SB/S106
	Trotz Erfolg befriedigt nichts auf Dauer	Wild Oat	SO/S178, SB/S246, KN/S35
	Aufgrund von Beeinflußbarkeit	Walnut	BN/S439
	Bei regelmäßigem Versäumen von Terminen und Pflichten	Clematis	TB/S69
	Durch Ablenkbarkeit	Wild Oat	BN/S439
	Mit Zerstreutheit, Schusseligkeit	Scleranthus	BN/S168
Ursache	Wenn es überhaupt keine Ursache für den plötzlichen mutlosen Trübsinn gibt	Mustard	PM/S41

Gemütszustand	Symptome	Bach-Blüte	Literatur
Urvertrauen	Wurde in frühester Kindheit oder später durch mangelnde elterliche Liebe oder schlechte Erfahrung verloren	Aspen	BN/S32
Veränderung	Angst vor neuen Situationen	Mimulus	KC/S91
	Angst, in neuen Situationen zu versagen	Larch	KC/S91
	Man kommt in neuen Situationen schwer zurecht	Walnut	KC/S91
Veränderungs-phasen	Bei ungewöhnlichem, fast krankhaftem Sträuben gegen Veränderung	Walnut	PM/S49
	Pubertät, Menopause, Schwangerschaft	Walnut	SO/S175, SS/S194
Verantwortung	Der Verantwortung vorübergehend nicht gewachsen	Elm	SO/S153, SB/S106
	Gibt die Verantwortung ab, an äußere Umstände oder andere Menschen	Willow	SS/S214, SB/S256
	Hat Angst vor Verantwortung	Cerato	KC/S91
	Nicht bereit, Verantwortung zu übernehmen	Wild Oat	SS/S207
	Sich selbst gegenüber, das bin ich mir schuldig	Rock Water	BN/S440
	Sucht die Verantwortung immer bei sich	Oak	KC/S91
	Trägt für alles die Verantwortung, meint man	Pine	SS/S159
	Übernimmt Verantwortung für andere	Vine	KC/S91
	Wird abgelehnt	Water Violet	BN/S440

Gemütszustand	Symptome	Bach-Blüte	Literatur
Verantwortung	Zwanghaftes Verantwortungsgefühl führt bis zur Selbstvergewaltigung	Oak	BN/S440
Verbissenheit	Bei allem	Rock Water	SS/S172
Verbitterung	Aus Eifersucht, Haß und Neid	Holly	LB/S80
	Mit Groll über sein Schicksal	Willow	SO/S180, SS/S214
Verdächtigung	Verdächtigt andere leicht	Holly	SB/S129
Verdauung	Besessen vom Thema seiner Verdauung, bespricht es mit dem Arzt, läßt es in jedes Gespräch einfließen	Crab Apple	MR/S121
Verdauungsbeschwerden	Aus innerer Verkrampfung, Blähungen und Verstopfung	Vervain	CB/S207
	Störungen der Ausscheidungen, wie Durchfall, Verstopfung, erschwerter Stuhlgang, vergeblicher Stuhldrang	Oak	KT/S75
	Völlegefühl und Spannungsgefühl im Bauch	Oak	KT/S77
Verdrängung	Verdrängt Sorgen und Probleme, Suchttendenz	Agrimony	FG/S416, PV/S70
	Verdrängt Wut und Ungerechtigkeit aus Angst vor Liebesentzug	Centaury	FG/S416
	Versuch der Verdrängung von allem Unangenehmen, Unschönen	Chestnut Bud	KN/S59
Vergangenheit	Sehnsucht nach, oder unverarbeitet, oder keine Erinnerung	Honeysuckle	SO/S158, SB/S132, GB/S127
	Vergißt schnell, lernt nichts aus der V.	Chestnut Bud	BH/S150, CB/S75

Gemütszustand	Symptome	Bach-Blüte	Literatur
Vergangenheit	Wenn eine Verbindung zur Vergangenheit am jetzigen Lebensweg hindert	Walnut	GB/S231
	Wird nachträglich retuschiert, geschönt	Honeysuckle	BN/S102, LB/S80
Vergeben	Siehe Verzeihen		
Vergeßlichkeit	Aus Erschöpfung	Olive	BN/S442
	Aus Verdrängung, bei unangenehmen Dingen vergeßlich	Agrimony	BN/S442, LB/S80
	Bei Trauma, nach Gehirnerschütterungen, Amnesie	Star of Bethlehem	BN/S442
	Durch Konzentrationsstörung	Scleranthus	BN/S442
	Wegen mangelndem Interesse	Clematis	KT/S102
	Weil er sich aus Überbegeisterung verzettelt	Vervain	KT/S113
	Weil er von Erinnerungen belegt ist	Honeysuckle	BN/S442
	Wenn man vergißt, Herdplatte oder Licht auszuschalten, öfters seinen Schlüssel verlegt	Chestnut Bud	TB/S64
Vergewaltigung	Für vergewaltigte Frauen	Aspen	TB/S151
	Zur Hilfe der Bewältigung einer V.	Star of Bethlehem	TB/S151
Vergiftung	Bei Lebensmittelvergiftungen	Crab Apple	TB/S71
	Bei Vergiftung durch Drogen, Nikotin	Crab Apple	TB/S71
	Durch chronische Krankheitsherde	Crab Apple	BN/S73
	Durch negative Gefühle, Neid, Wut, Eifersucht, Rache, Haß	Holly	BN/S100

Gemütszustand	Symptome	Bach-Blüte	Literatur
Vergiftung	Vor allem bei Drogenkonsum	Aspen	BN/S30
	Wahn, er sei oder könne sich eine zuziehen	Crab Apple	BN/S73
Verhaftung	Bei leidvoller Verhaftung an die eigene Familie	Red Chestnut	TB/S98
Verhalten	Bei Angeberei, Geltungssucht	Heather	BN/S443
	Bei Künstlichkeit, Unehrlichkeit im Verhalten	Agrimony	BN/S442
	Kindliches, muß sein Erwachsensein erst entwickeln	Centaury	CB/S133
	Pubertäres, bei Erwachsenen	Wild Oat	SS/S208
Verhaltens-änderung	Völlig unerklärliche, bei Kindern von einem Moment zum anderen	Red Chestnut	SO/S167
Verlegenheit	Siehe Schüchternheit		
Verletztheit	Leicht aus dem emotionalen Gleichgewicht zu bringen	Chicory	LB/S80
	Reagiert mißtrauisch, ärgerlich oder verletzend aus Verletztheit	Holly	SS/S122, SB/S129, KN/S24
Verletzungen	Bei Verletzungen jeder Art	Rock Rose	WS/S108
	Bei Verletzungen zur Reinigung	Crab Apple	TB/S71
	Verletzt sich leicht	Chestnut Bud	LB/S80
Verlust	Der schützenden Geborgenheit, zu früh	Honeysuckle	BN/S103
	Des Partners oder eines Kindes	Chicory	TB/S66
	Eines geliebten Menschen, kommt nicht darüber hinweg	Honeysuckle	SB/S135, KN/S101, CB/S88
	Erzeugt Verbitterung	Willow	BN/S445

Gemütszustand	Symptome	Bach-Blüte	Literatur
Verlust	Nach großen Blut- oder Flüssigkeitsverlusten	Sweet Chestnut	WS/S116
	Verlust als Ursache für Beschwerden	Star of Bethlehem	LB/S80
Verlustangst	Gefühl, ungewollt, nie richtig geliebt worden zu sein	Chicory	SB/S88
	Mit Unfähigkeit, den Partner oder die Kinder loszulassen und sie ihre eigenen Wege gehen zu lassen	Chicory	FG/S418
Vernachlässigung	Wenn man die Pflege an sich selbst vernachlässigt	Wild Rose	TB/S119
Verpflichtung	Fühlt sich mit hohem Verantwortungsgefühl verpflichtet	Oak	IM/S112
	Wenn man sich immer zum Schenken verpflichtet fühlt	Chicory	TB/S67
Verplanung	Übertriebene, mit Unverständnis für andere Ansichten	Vine	BN/S191
Verrückt	Hat Angst davor, verrückt zu werden	Cherry Plum	IH/S36
Versagen	In der Schule	Gentian	TB/S75
	Kinder fühlen sich in der Schule als Versager	Larch	SB/S150, KN/S120
Versagensangst	Chronische, mit grundlosem Pessimismus	Hornbeam	BN/S106, TB/S83
	Ist fast ständig gequält von Versagensangst, aus mangelndem Selbstwertgefühl	Larch	KN/S119
	Plötzliche, mit akutem Überforderungsgefühl	Elm	BN/S77
Versager	Fühlt sich als	Larch	SO/S161, SB/S148

Gemütszustand	Symptome	Bach-Blüte	Literatur
Verschlossenheit	Unnahbar, zurückhaltend, reserviert, kontaktgestört	Water Violet	BN/S200
Verspannung	Bei Spannungskopfschmerz und Verspannung im Schulter-Nackenbereich	Vervain	TB/S108
	Bei V. im Schulter- und Nackenbereich wegen zuviel Verantwortungsgefühl	Oak	TB/S93, MR/S236
	Durch übertriebenen Ehrgeiz	Vine	LB/S81
	Mit Härte gegen sich selbst	Rock Water	LB/S80
	Starke V., kaum in den Griff zu bekommen	Vervain	SO/S173, SB/S217, KN/S63
Verstopfung	Aus nicht benennbaren Ängsten	Aspen	WS/S35
	Bei Babys	Crab Apple	HK/S63
	Bei Darmträgheit	Water Violet	TB/S113
	Mit ängstlicher, künstlicher Krampfhaltung	Agrimony	BN/S26
	Mit dem Gefühl, ein Opfer des Schicksals zu sein	Willow	WS/S35
	Mit Festhalten und Besitzenwollen	Chicory	WS/S35
	Mit Schuldgefühlen	Pine	WS/S35
	Mit Gefühl von Unreinheit	Crab Apple	WS/S35, ZE/S119
	Wegen benennbaren Ängsten	Mimulus	WS/S35
	Wegen nicht Loslassen von Vergangenem	Honeysuckle	WS/S35
	Wegen Unterdrückung des Stuhldrangs (bei Kindern)	Oak	BS/S84

Gemütszustand	Symptome	Bach-Blüte	Literatur
Verteidigen	Kann sich nicht v., ist unfähig, für seine Ideen und Bedürfnisse einzutreten	Centaury	CB/S133
Verteidigungs-haltung	Aus Überforderung	Elm	SS/S106
Vertrauen	Bei Mangel an Glauben, wenn man kein Gottvertrauen hat	Gentian	TB/S75
	Fehlendes V. in die eigene Entscheidungsfähigkeit und Intuition	Cerato	FG/S420
	Hat wenig V. in seine Umwelt, spricht nicht über seine Sorgen und Ängste	Agrimony	CB/S127
	In die eigenen Fähigkeiten fehlt	Larch	FG/S420
	Mangel an V., kann keinen Vertrauensvorschuß geben, weil er oft enttäuscht wurde	Holly	CB/S137
	Wenig V. ins Leben und in Gott	Sweet Chestnut	CB/S181
	Wenn man kein Vertrauen in die Behandlung hat	Wild Rose	TB/S119
Ver-unsicherung	Durch erlittene Enttäuschungen	Gentian	SO/S182, SB/S112
	Glaubt, ohne Stimulantien den Alltag nicht zu meistern	Hornbeam	SO/S182
	Innerliches Hin- und Herschwanken zwischen zwei Möglichkeiten	Scleranthus	SO/S182, KN/S37
	Vertraut eigener Meinung nicht, braucht Bestätigung anderer	Cerato	SS/S82, SO/S182
	Während Neubeginnphasen	Walnut	SO/S175, SS/S194, SB/S229

Gemütszustand	Symptome	Bach-Blüte	Literatur
Verunsicherung	Wegen innerlicher Resignation	Gorse	SO/S182, SB/S115
	Wegen mangelndem Selbstbewußtsein	Larch	LB/S81
	Weil keine klare Zielvorstellung	Wild Oat	SO/S182
Verurteilen	Der Fehler anderer	Beech	SB/S62, CB/S191
Verwirrtheit	Durch das Verhalten anderer	Holly	SS/S122
Verzagtheit	Glaubt, seiner Aufgabe nicht gewachsen zu sein	Elm	SS/S106, SB/S107
	Mit Ängstlichkeit	Mimulus	SS/S142
	Mit Entmutigung, weil der härteste Einsatz und die besten Bemühungen nicht auszureichen scheinen	Oak	TB/S92
Verzeihen	Hilft dabei, alles loszulassen	Honeysuckle	AB/S208
	Hilft, den Menschen zu verzeihen, die am Schockerlebnis beteiligt waren	Star of Bethlehem	TB/S105
	Kann nicht, ist sauer	Pine	CB/S172
	Kann sich und anderen alte Fehler nicht verzeihen	Impatiens	CB/S117
	Wenn man nicht vergeben und verzeihen kann	Willow	TB/S121
Verzicht-bereitschaft	Mit krankhafter Gutmütigkeit	Centaury	BN/S40
Verzweiflung	Ist unbegründet verzweifelt	Elm	LB/S81
	Nach langwierigen, von Mißerfolgen begleiteten Kämpfen um die Gesundheit oder ein Lebensziel	Gorse	BN/S89

Gemütszustand	Symptome	Bach-Blüte	Literatur
Verzweiflung	Treibt seine Kinder und Partner in die tiefste V., weil er sich nicht in andere einfühlen kann und sie beherrschen will	Vine	CB/S212
	Wegen dramatischem Lebensschicksal, bei schweren Krisensituationen	Sweet Chestnut	SO/S172, SS/S182, SB/S210, KN/S76, BN/S180
	Wegen Hindernissen, mit Zweifel, negativem Denken	Gentian	SB/S112, SB/S112, KN/S46
Vorahnungen	Bei schlimmen V.	Red Chestnut	TB/S98
	Geheime Furcht vor drohendem Unheil	Aspen	LB/S81
Voreingenommenheit	Gegen das Lernen von Neuem	Larch	SS/S141, SB/S148
	Mit Bitternis und Enttäuschung	Willow	CB/S185
Vorsicht	Übertriebene	Mimulus	SS/S142, SB/S156
Vorstellung	Bei zwanghaften Vorstellungen, daß sich Mißerfolge einstellen	Larch	TB/S87
	Enge, feste, vom Leben, von Moral und Ordnung	Beech	CB/S192
	Hat die Vostellung, in seinem Leben hätte alles anders laufen sollen	Willow	CB/S185
	Lebt zu sehr in Luftschlössern, verliert den Kontakt zur Realität	Clematis	BN/S447
	Stellt sich immer wieder schlimme Dinge oder Situationen vor, bekommt deswegen quälende Angst	Mimulus	BN/S447

Gemütszustand	Symptome	Bach-Blüte	Literatur
Vorstellung	Wenn man sich ein Unheil vorstellt, z.B. einen Unfall, wenn jemand zu spät nach Hause kommt	Red Chestnut	TB/S98
Vorwürfe	Macht anderen Vorwürfe aus Verbitterung	Willow	BN/S448
	Macht anderen Vorwürfe aus Rechthaberei	Vine	BN/S448
	Macht anderen Vorwürfe aus Unfreundlichkeit oder Gehässigkeit	Holly	BN/S448
	Macht man sich selber V., wegen Schuld, Moral	Pine	SO/S92, KN/S27, BN/S448
	Macht sich selbst V. aus übertriebenem Reinheitsbedürfnis	Crab Apple	BN/S448
	Macht sich selbst V. wegen übertriebenem Drang nach Selbstdisziplin	Rock Water	BN/S448
	Vorwurfsvoll aus Arroganz	Beech	LB/S81
	Vorwurfsvoll und herrschsüchtig	Chicory	LB/S81, ZE/S97
Waisenhaus	Im Waisenhaus aufgewachsen	Gorse	SS/S116, SB/S117
Wankelmut	Bei Wankelmut und Entscheidungsschwäche	Scleranthus	TB/S103, KC/S93
	Während Neubeginnphasen	Walnut	SO/S175, SB/S228
Wechsel	Bei extremem Wechsel zwischen totaler Erschöpfung und Leistung	Olive	TB/S95

Gemütszustand	Symptome	Bach-Blüte	Literatur
Wechsel	Bei Wechsel vom Zuhause in den Kindergarten, bei der Einschulung, Heirat, Pensionierung, bei Wohnungs- und Berufswechsel; hält an den schönen Seiten des Alten fest	Honeysuckle	TB/S82
	Extremer Wechsel zwischen angenehmen und garstigen Gemütszuständen, zwischen Apathie und energischer Aktivität	Scleranthus	TB/S103
	Häufiger Wechsel von Beruf, Partner, Wohnung	Wild Oat	KN/S35
	Schneller Wechsel aller Symptome	Scleranthus	SO/S170, SB/S202, KN/S38
	Ständig wechselnde Ansichten	Scleranthus	LB/S81
	Von einem Arzt oder Therapeuten zum andern	Cerato	BH/S113, PM/S28
	Wird gefürchtet, weil einem gewohnte Dinge Sicherheit geben	Walnut	CB/S143
Wehleidigkeit	Aus Ängstlichkeit	Mimulus	BN/S448
	Aus Unfähigkeit zur Konfrontation mit Unangenehmem	Agrimony	BN/S448
	Bei Kindern, die jammern und bedauert werden wollen	Heather	KT/S250
	Bei wehleidigen Patienten, die Krankheit vortäuschen oder sich hineinsteigern, um ihren Willen zu erzwingen	Chicory	ZE/S109
	Wegen ungenügender innerer Festigkeit	Walnut	BN/S448
Wehmut	An vergangene schöne Zeiten	Honeysuckle	SB/S135, KN/S101

Gemütszustand	Symptome	Bach-Blüte	Literatur
Weinen	Aus Wut und Zorn	Holly	LB/S81
	Bei Babys morgens beim Aufwachen, ohne erkennbare Ursache	Mimulus	SB/S156
	Bei grundlosem Weinen	Chicory	TB/S67
	Bei Weinkrämpfen, wenn man kurz vor einem Nervenzusammenbruch steht	Cherry Plum	ZE/S32
	Kann nicht einmal mehr weinen, so groß ist seine Hoffnungslosigkeit	Gorse	CB/S218, JB/S29
	Muß manchmal weinen und schreien, ohne es erklären zu können	Mustard	MR/S313
	Weint leicht, zieht gern die Aufmerksamkeit auf sich	Chicory	JB/S36
	Wenn man nicht weinen kann, das schickt sich nicht	Water Violet	TB/S113
Weltschmerz	Gefühl von Weltschmerz	Mustard	SS/S146, SB/S161
Weltverbesserer	Mit missionarischem Übereifer	Vervain	BN/S185
Wetterfühligkeit	Gegen Unpäßlichkeit bei Föhn und Wetterwechsel	Walnut	KT/S10, TB/S111
	Mit Bangigkeit, Unwohlsein	Aspen	BN/S31, TB/S54
	Mit dem Bedürfnis nach Ruhe und Distanz	Water Violet	BN/S450
	Mit Unruhe oder Kribbeligkeit	Impatiens	BN/S450
	Mit Verstimmungen oder Depressionen	Mustard	BN/S450

Gemütszustand	Symptome	Bach-Blüte	Literatur
Widerspenstig	Bei Kindern, die bockig und starrköpfig sind	Vine	DW/S142
Widerstand	Bei Widerstand gegen Veränderung, der bis zu Krankheit führen kann	Walnut	PM/S49
	Bei Widerstand im therapeutischen Prozeß	Willow	IM/S176
	Gegen körperliche oder seelische Qualen	Cherry Plum	WG/S123
Wille	Besitzt mehr Willenskraft als physische Kraft, zwingt sich ständig	Vervain	CB/S207
	Starker W., macht unflexibel und stur	Oak	BN/S451
	Starker W., mit starkem Ego	Chicory	CB/S197
	wurde in der Kindheit gebrochen	Centaury	AK/S43
Willensschwäche	Große W., zu schwach, um „nein" zu sagen	Centaury	CB/S132
	Mit Verzagtheit, Entmutigung	Gentian	BN/S84, TB/S75
	Weil man als Kind fürchterlich geschlagen wurde	Centaury	CB/S132
Wirbelsäule	Bei Jugendlichen mit Skoliose (Wirbelsäulenverkrümmung)	Scleranthus	AK/S91
	Bei Verspannungen mit heftigem Schmerz, wie Ischias oder Hexenschuß	Agrimony	ZE/S116
	Scheuermann'sche oder Bechterew'sche Erkrankung, Osteoporose	Larch	BN/S115
	Schwäche der Wirbelsäule wegen mentalen Spannungen	White Chestnut	CB/S102

Gemütszustand	Symptome	Bach-Blüte	Literatur
Wirbelsäule	Schwache Wirbelsäule und schlechte Haltung	Wild Rose	BN/S218
Witwenbuckel	Als Folge des sozialen Positionsverlustes	Larch	BN/S115
Workaholic	Der seine inneren Probleme nicht mehr wahrnimmt und verarbeitet	Vervain	CB/S207
	Der typische, arbeitet selbst bei Krankheit weiter	Oak	MR/S236
	Ist der Arbeitssucht verfallen	Elm	CB/S157
	Mit Ehrgeiz und eiserner Disziplin, als Vorgesetzter sehr unangenehm	Vine	CB/S212
	Um zu zeigen, daß er doch kein Versager ist	Larch	CB/S162
Wortschwall	Erschlägt jeden mit einem Wortschwall	Heather	SB/S120, KN/S107
Wunden	Zum Säubern von W.	Crab Apple	BW/S74
Wut	Aus Verletztheit	Holly	SO/S157, SS/S122
	Für Kinder, die Wutanfälle bekommen, wenn sie ihren Willen nicht durchsetzen können	Vine	HK/S85
	Schwelende Wut im Bauch, macht andere dafür verantwortlich	Willow	SS/S214
	Unkontrollierte Ausbrüche, besonders bei Kindern, mit hinwerfen, Kopf an die Wand schlagen	Cherry Plum	SB/S78
	Wut und Ärger werden geschluckt, zieht sich verbittert zurück	Willow	KN/S49, BN/S453

Gemütszustand	Symptome	Bach-Blüte	Literatur
Wut	Wutanfälle bei Kindern, denen etwas nicht selber gelingt	Beech	HK/S85
	Wutanfälle bei Kindern, die etwas nicht sofort bekommen	Impatiens	HK/S85
	Zorn und bösartiges Verhalten bei Kindern, richtet sich gegen Geschwister oder Eltern	Holly	HK/S86
Wutausbrüche	Aus Ungeduld	Impatiens	LB/S32
	Ohne erkennbaren Grund	Cherry Plum	LB/S32
	Um Dampf abzulassen, mit starkem emotionalen Druck	Cherry Plum	BN/S55
	Unkontrollierbare W., cholerisch wegen verletzten Gefühlen	Holly	KN/S24
Zähne-knirschen	Bei unterdrückten Gefühlen und großem inneren Druck	Cherry Plum	BN/S45, TB/S62
	wegen Aggressionen	Holly	BN/S455
	Wegen Sich-in-etwas-verbeißen	Oak	BN/S455, TB/S93
	Wegen verdrängten Sorgen	Agrimony	SB/S50, KN/S73
	Weil man nicht abschalten kann	White Chestnut	SO/S177, SB/S241, TB/S115
Zahnprobleme	Immer wieder	Walnut	SO/S175
Zahnung	bei Kindern	Walnut	SO/S175, SB/S228
	Bei Unduldsamkeit gegen den Schmerz	Beech	HK/S63
	Beim Verlangen, das irritierende Unbehagen loswerden zu wollen	Crab Apple	HK/S63

Gemütszustand	Symptome	Bach-Blüte	Literatur
Zahnung	Während der Z., äußerst wehleidig, hochgradig reizbar, unausgeglichen	Impatiens	KT/S251, HF/S70
	Wenn das Baby klammert und nicht allein gelassen werden will	Chicory	HK/S63
	Wenn das Baby niedergeschlagen ist und ständig um Mitleid wimmert	Willow	HK/S63
Zahnverfall	Bei Tendenz, sich durchzubeißen	Oak	BN/S455
	Bei wütender Verbitterung	Holly, Willow	BN/S455
	Bei zu großem Streß	Elm	BN/S455
	Durch Karies, Paradontose, bei verinnerlichten Spannungen	Agrimony	BN/S455
Zahnziehen	Nach besonders traumatischem Zahnziehen	Star of Bethlehem	EP/S141
	Nach kompliziertem Z., mit länger dauerndem Heilungsablauf	Impatiens	EP/S141
	Nach Zahnziehen bei Wunden mit besonders starken Blutungen und Schmerzen	Cherry Plum	EP/S141
Zangengeburt	Bei Z., auf die offene Fontanelle geben	Cherry Plum	TB/S62
Zappelphilipp	Aus Nervosität	Impatiens	SB/S146
Zeit	Hat immer zu wenig	Impatiens	SS/S136
	Wird vertrödelt, ohne etwas richtig anzupacken	Hornbeam	AF/S131
Zerrissenheit	Innerlich	Sceranthus	SS/S174
Zerstreutheit	Allgemein zerstreut	Chestnut Bud	LB/S82

Gemütszustand	Symptome	Bach-Blüte	Literatur
Zerstreutheit	Der zerstreute Professor, oder Genies, die außer auf ihrem Gebiet lebensuntüchtig sind	Chestnut Bud	ZE/S60
	Träumt	Clematis	SS/S98
	Weil die Gedanken hin- und herspringen	Scleranthus	LB/S82
	Weil man über Vergangenes nachgrübelt	Honeysuckle	LB/S82
	Weil die Gedanken ständig um ein Thema kreisen	White Chestnut	LB/S82
Zielstrebigkeit	Extreme, wenn man von einer Idee besessen ist	Vervain	BN/S456
	Sehr große	Vine	SO/S174
	Wenn man sich zu sehr in sein Ziel verbeißt und dabei bis an die Zerreißgrenze geht	Oak	BN/S456
	Zu starke, will alles möglichst schnell erledigen und verfällt in Hetze	Impatiens	BN/S456
Ziel-vorstellungen	Gehen während Veränderungsphasen verloren	Walnut	GW/S130
	Kann sich für keine entscheiden	Scleranthus	BN/S456
	Sind unklar, weil man nicht weiß, was man will	Wild Oat	SO/S178, SS/S206
	Ziellosigkeit, weil man zu schnell aufgibt	Gentian	BN/S456
Zorn	Latenter, der durch einen geringfügigen Auslöser wie Alkoholgenuß oder leichte Provokation zum Ausbruch kommt	Cherry Plum	PM/S29
	Schroff, brüsk, verraucht schnell wieder	Impatiens	SB/S146

Gemütszustand	Symptome	Bach-Blüte	Literatur
Zusammenbruch	Erfolgt aus heiterem Himmel	Oak	CB/S168
	Seelischer oder körperlicher	Sweet Chestnut	BN/S180
Zuwendung	Bei Menschen, die wie ein bedürftiges Kleinkind sind, mit Hunger nach Zuwendung	Heather	IM/S80
	Bei Menschen, die Zuwendung mit gefühlsmäßiger Erpressung erzwingen wollen	Chicory	IM/S56
	Für Kinder, die ständig Zuwendung brauchen	Chicory	SB/S91, KN/S97
Zwang	Bei krankhaften Wiederholungszwängen jeder Art	Chestnut Bud	TB/S64,
	Bei zwanghaftem Sprechen	Cherry Plum	TB/S62
	Innerer Z., recht behalten zu müssen	Vine	SS/S190, SB/S223
	Zum Hin- und Hergehen, zum Sich-Beobachten	Cherry Plum	SB/S78
	Zur Reinlichkeit, sich zu waschen	Crab Apple	SB/S103, KN/S43
Zwangshandlungen	Wie Nägelkauen, ständigem Sichkratzen, nervöse Zuckungen	Cherry Plum	KT/S121
Zwangsvorstellungen	Allgemein	Aspen	TB/S54
	Bei Alkoholikern	Aspen	SB/S56
	Bei Besessenheit vom eigenen Standpunkt, Übereifer, andere zu bekehren	Vervain	KB/S81, KN/S63
	Bei immer wiederkehrenden Gedanken, Sorgen, der Geist ist festgefahren	White Chestnut	KB/S81, KN/S68

Gemütszustand	Symptome	Bach-Blüte	Literatur
Zwangs-vorstellungen	Mit strengen Maßstäben, Asketentum	Rock Water	KB/S81, KN/S40
	Über die eigenen Probleme	Heather	KB/S81
	Wahnideen bei drohenden Psychosen	Cherry Plum	SB/S77
Zweifel	Als Lebenseinstellung	Gentian	SO/S154, SS/S110, SB/S111, KN/S46
	An seinem eigenen Gefühl, an eigener Meinung	Cerato	SS/S82, KN/S30
	Aus Enttäuschung	Gentian	SS/S110, KN/S46
	Bei Entscheidungen	Scleranthus	PE/S121
	Bei Zweifel an der Wirksamkeit der Blütenmittel, trotz Erfolg	Gentian	TB/S75
	Daran, die übernommene Verantwortung noch länger tragen zu können	Elm	IH/S37
	Ob er genügend Kraft oder Befähigung besitze, um dem Leben oder seiner Arbeit standzuhalten	Hornbeam	GB/S133
	Schämt sich für seine Zweifel, die er an sich selber hat	Larch	CB/S163
	Wenn Kinder bei der Klassenarbeit alles Richtige durchstreichen	Cerato	TB/S61
Zwölffinger-darmgeschwür	Von beruflichem Streß, ohne Interesse für die Ursache	Chestnut Bud	SB/S82
Zyniker	Wenn er scherzt, wird er zum Zyniker	Beech	CB/S192
Zysten	An den Ovarien	Chicory	TB/S66

Bibliographie

AB: Bind-Klinger, Anita, Aura-Soma Bach-Blüten und Reiki, Aquamarin Verlag, Grafing 198

AF: Alber-Klein, C./Hornberger, R., Das Bach-Blüten-Buch für die Familie, Herder, Freiburg 1996

AK: Alber-Klein, Dr. med./Hornberger, Regina, Bach-Blüten und neue Blütenessenzen, Gräfe und Unzer, München

BB: Bach, Dr. Edward, Blüten die Heilen, Heyne, München 1990

BD: Bach, Dr. Edward, Die Heilende Natur, Heyne, München 1990

BF: Alber-Klein/Hornberger, BB für Frauen, Gräfe und Unzer, München

BH: Bach, Dr. E./Petersen, Jens-Erik R., Heile Dich Selbst Durch BB, Knaur, München 1998

BM: Ball, Stefan, Bachblüten für Männer, Aurum, Braunschweig 1997

BN: Blome, Dr. med. Götz, Das neue Bach-Blüten-Buch, Bauer Verlag, Freiburg 1992,

BW: Bach, Dr. Edward, Gesammelte Werke, Aquamarin Verlag, Grafing 1994

CB: Schneider, Christa, Mit Bach-Blüten die Seele erblühen lassen, Ansata Verlag, Interlaken 1995

DB: Heinke, Dagmar P., Sanft Heilen mit Bach-Blüten, Südwest, München 1995

DW: Walter, Dagmar C., Bach-Blüten für die Kinderseele, Herder, Freiburg 1997

EB: Scheffer, Mechthild, Erfahrungen mit der Bach-Blütentherapie, Irisiana, München 1984

EF: Faller, Eva-Maria, Dr. Bach.Blüten und die Strukturen der Ängste, Licht-Quell-Verlag, Regensburg

EP: Edelmann, Bach Blüten in der naturheilkundlichen Praxis, Aescura, München 1997

FB: Frankenberger, Anette, Blütenessenzen für Frauen, Knaur, München 1995

FF: Frankenberger, Anette, Blütenessenzen für Schwangerschaft und Geburt, Knaur, München 1995

FG: Frankenberger, Anette, Das große Buch der Blütenessenzen, Knaur, München 1995

FH: Finck, Hans, Handbuch Blüten-Essenzen, Scherz, Bern 1997

FK: Frankenberger, Anette, Blütenessenzen für Spiritualität, Traum und Kreativität, Knaur, München 1995

FP: Frankenberger, Anette, Blütenessenzen für Partnerschaft und Sexualität, Knaur, München 1995

FS: Frankenberger, Anette, Blütenessenzen für Schulkinder, Knaur, München 1995

GB: Chancellor, Philip M., Das große Handbuch der Bachblüten, Aquamarin Verlag, Grafing 1988

GU: Schmidt, Sigrid, GU Kompaß Bach-Blüten, Gräfe und Unzer, München

GW: Sieczka, Helmut G., Der Blütenweg, Oesch Verlag, Zürich 1997

HB: Howard, Judy, Bachblüten für Frauen, Aurum, Braunschweig 1994

HF: Howard, Judy/Ramsell, John, Die Bach-Blüten, Irisiana, München 1991

HH: Hirschmann, Ferry, Heilende Blüten, Econ, Düsseldorf 1994

HK: Howard, Judy, Bachblüten für Kinder und Jugendliche, Aurum, Braunschweig 1995

ICH: Schmidt, Sigrid, Innere Harmonie durch Bachblüten, Gräfe und Unzer, München

IM: Maly, Ilse, Bachblüten als Chance und Hilfe, Knaur, München 1994

IS: Salajan, I./Cornelissen, Sita, Bach-Blüten Zubereitungen und Anwendungen, Aurum, Braunschweig 1998

JB: Barnard, Julian, Blüten für die Seele, Integral Volkar-Magnum, Wessobrunn 1987

KB: Katz, Richard/Kaminski, Patricia, Blütenessenzen, Laredo Verlag, München 1987

KC: Kandelsberger, P./Claucig, A., Bachblüten, Selbstheilung für die Seele, Econ, Düsseldorf 1996

KN: Krämer, Dietmar, Neue Therapien mit Bach-Blüten 1, Ansata-Verlag, Interlaken 1989

KS: Krämer, D./Simonis, Anne, Neue Therapien mit B.-B., Praxisbuch, Scherz, Bern 1998

KT: Krämer, Dietmar, Neue Therapien mit Bach-Blüten 3, Ansata-Verlag, Interlaken 1991

LA: Linditsch, Jörg, Bach-Blüten ABC, Peter Erd, München 1996

LB: Liebl, Hildegard, Bach-Blüten für jeden Tag, NaturaMed-Hampp Verlag, Stuttgart 1997

MR: Maschmann-Ringe, F., Der Blütenstrauß des E. Bach, Knaur, München 1995

PE: Ekl, Peter, Blütentherapie und Naturerfahrung, Edition Tirta, Bielefeld 1997

PM: Mansfield, Peter, Therapie durch Blütenessenzen, Irisiana, München 1997

PV: Prantner-Volek, M., Blütenessenzen für Körper, Seele und Geist, Windpferd, Aitrang 1993

SB: Scheffer, Mechthild, Bach-Blütentherapie, Irisiana, München 1981

SO: Scheffer, Mechthild, Original Bachblütentherapie, Jungjohann Verlag, Neckarsulm 1990

SS: Scheffer, Mechthild, Schlüssel zur Seele, Irisiana, München 1996

ST: Scheffer, Mechthild, Selbsthilfe durch die B.-B.-Therapie, Heyne, München 1996

TB: Sprissler, Beate, Tao der Bachblüten, Urania, CH-Neuhausen 1997

TK: Thelesklaf, Herbert, Blüten heilen Kinderseelen, Laredo, Chieming 1991

VR: von Rohr, I. und W, Die sieben Heiler, Fischer, Münsingen-Bern 1992

WG: Geßwein, Wolfgang, Blüten und Gnade, Intuition Publications Verlag, Köln 1993

WS: Röcker, A. E., Bachblüten - Krankheit als Weisung der Seele, Ludwig, München 1993

ZE: Zerbst, M./Eichinger, R., Bach-Blüten Die natürliche Heilmethode, Trias, Stuttgart 1997